初めてでも“通”ぶれる！

おぎやはぎの HAPPY CAMPER ハピキャン

世界一自由な
ゆるキャンプガイド

マガジンハウス

Ogiyahagi Special Interview

失敗したっていいじゃん。キャンプに出かけるだけで楽しくなる！

小木　番組を始める前はさ。キャンプよりバーベキューが多くて、焼きそばとかカレーをみんなで作ったりするくらいだったなー。河原で。

矢作　正直面倒くさいイメージだったね。なんかテント張ったりさ、料理も得意じゃないから、別に。大勢で外で料理するのって家よりやりづらいし。だから本当に、わざわざ不便なことをしに行く、みたいな。

小木　そう。なんかやらないと「サボってる！」とか陰口叩かれるし。「好きな人は好きよねー、キャンプ」って感じ。

矢作　でもね。番組でいきなりソロキャンプで、それがよかったと思うんだ

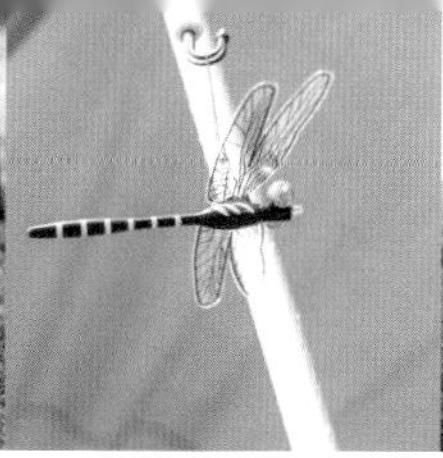

よな。人の分とか全部やらなきゃいけないと思っていたから、自分だけでいいんだったら、気楽で。「こんなカンタンなんだ！」って。

小木　そうね。準備とかもたくさん必要そうじゃないですか。凝った料理もいいけど、もうインスタントでもいいみたいな。今まで大イベントだった。それがもっと気軽に行っていい感じだとわかったのがよかった。

矢作　「これがないといけない」「あれもできないと」とかそういうの。別に何だっていい。常識にとらわれなくても別によかったっていう。

小木　そうそう。何だっていいのよ。あとやっぱり、ギア（道具）が可愛いのがねー。お洒落なんだよね、ギアが。欲しくなっちゃう。

矢作　やっぱり、ギアはでかいね〜。

小木　でかいでかい。昔のとは全然違うよ。俺らが小さい頃のとまったくモノが違う。それが欲しくてキャンプやっちゃう。行きたくなっちゃう。

矢作　キャンプやってないと、使えないからね。使いたくてキャンプに行きたいっていうのもあるし。あと俺はやっぱりご飯かなー。カンタンなのにウマいっていうね。

小木　前だったら焼きそばとかカレーとか、わざわざ食いに……って思って

たのにね。矢作はさ、紙皿がね（苦笑）。

矢作 そうそう。紙皿に焼肉のたれ。俺、あれで肉とか野菜食べるのが大嫌いなの。

小木 今はちゃんといい感じの食器があるから！

矢作 全然おいしさが違うよね。キャンプ始めてから俺、家で料理を作るようになったよ。アヒージョとか。

小木 外で食べるからじゃないの。ちゃんとウマいよね。家でも「あれやってみよう」と思うわ。とくにホットサンドなんてそうだね。

矢作 でもアレなんじゃない？　キャンプ料理ってさ、ある程度カンタンじゃないといけないじゃん。カンタンにできてウマいものに、結局なるんじゃないの？

小木 なるほど、そうねー。だから、キャンプしたことない人も張りきりすぎないで好きにやってみてほしいけど。

矢作 最初は緊張すると思うんだよなー。これができてないとか。たしかにうまい人って、サイトのレイアウトがすごいきれいなのよ！

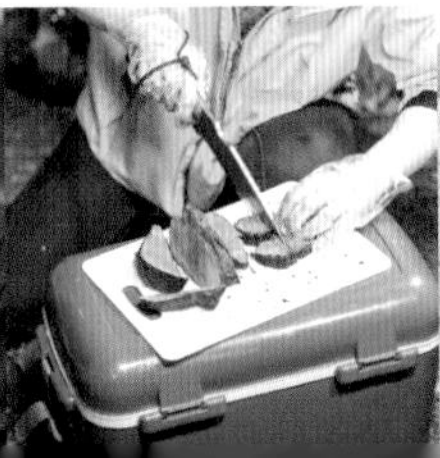

小木　カッコいいよな〜。

矢作　そう。でもあれ、最初は絶対できないから！　できないとカッコ悪いとかマジで思わないで。なんでもちょっとずつやればできるだろうから。別にいいんだよ。来て、テントを張って、コーヒーを沸かして。

小木　俺はキャンプ場が好きだから、イスだけでもいいくらい。数時間だけそこにいる、みたいな。ぼーっとしているのが楽しいって思えるね。

矢作　カッコいいな、そっちのほうが。

小木　本とか読んでたりしたら、すげーカッコいいと思うよ。なんかそれだけで。

矢作　うん、つまりなんでもありだな（笑）。あ、マナーだけは覚えて。後始末できないと怒られるから。それ以外はどんなルールもないから何も怖がることはない。

小木　そうね。気軽に。

Contents

PART 2 プレゼンキャンパーが教える 絶品ラクうまキャンプ飯

PART 3 沼へようこそ! キャンプが100倍楽しくなるギアカタログ

本書を読む前に

＊掲載商品、キャンプ場などの情報は、2023年1月時点のものです。予告なく変更の可能性がありますので、あらかじめご確認ください

＊レシピ（PART2）の計量は、大さじ1＝15mℓ、小さじ1＝5mℓです。野菜などを洗う、皮をむくなどの下ごしらえは省略しています

＊調理の際は、お使いの道具や火力によって異なりますので、適宜加減してください

PART1の読み方

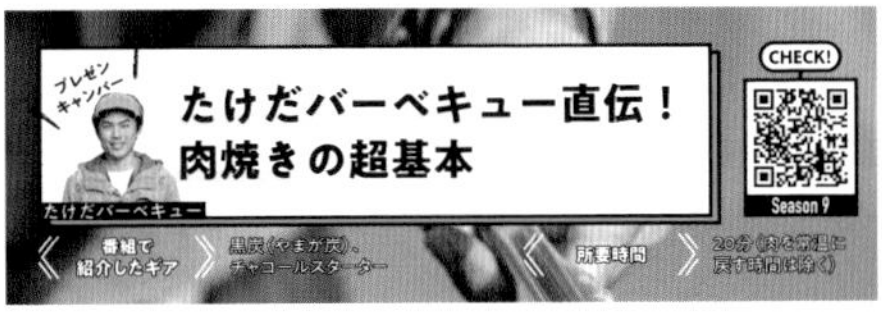

＊ QRコードを読み取ると、本編動画（一部除く）や番組ロケ密着記事、関連記事などを楽しめます（メ～テレ運営「ハピキャン」Webメディア内）

本書に登場する
プレゼンキャンパーたち

The Presentation Campers In This Book

西村瑞樹（バイきんぐ）

１年の３分の１はキャンプ！
趣味を極め続ける男

お笑い芸人。1977 年４月23 日生まれ、広島県出身。O 型。小峠英二とお笑いコンビ・バイきんぐを結成。「キングオブコント2012」で優勝を果たす。「焚火会」メンバー。

Mizuki Nishimura

じゅんいちダビッドソン

細かいことを気にしない!!
ゆるいけど情熱的な先輩

1975 年２月４日、兵庫県尼崎市出身。1997 年デビューのお笑いタレント。サッカー選手・本田圭佑のネタで、「R - 1ぐらんぷり 2015」で優勝。「焚火会」メンバー。

Junichi Davidson

たけだバーベキュー

キャンプ場のシェフ参上！
肉を愛するアウトドア通

アウトドア芸人。2012 年 12 月より「たけだバーベキュー」として活動開始。2013 年に、カナダアルバータ州政府からの依頼を受け、カナダアルバータ州 BBQ 大使に任命される。レシピ著書多数。

Takeda BBQ

阿諏訪泰義

ブッシュクラフトから料理まで
とことん凝り性で職人肌！

お笑い芸人。1983 年１月８日生まれ。神奈川県出身。O 型。元うしろシティ。「キングオブコント 2012,13,15」ファイナリスト。2014 年にヒロシと共に「焚火会」を結成する。

Taigi Asuwa

かほなん（さばいどる）

山を買って修行に邁進！
ワイルドな女子キャンパー

アイドル。無人島を買って生活することを目標に、野草を食べたり、へびを捕まえて食べるなどたくましく活動中。YouTube「さばいどるチャンネル」で自身のキャンプ動画を公開中。

Kahonan

ハピキャン流
キャンプのココが楽しい！

1 面倒くさがり屋も初心者も大歓迎！

番組当初はキャンプ素人で、基本的には小難しいことを避けるタイプのおぎやはぎが、すっかりキャンプに夢中！ハードル低めの非日常体験をひとつ、ふたつと見つけられるのが、ハピキャンらしさ。

2 失敗なんてキニシナイ！ とことんハシャグの優先

テント設営が変な形になったり、ひもが結べなかったり、料理に予想外の時間がかかるのも日常茶飯事。むしろ失敗があってこそ、次に生かそうと思えたり、盛り上がることも！　遊びに遠慮は不要だ。

3 頼もしいギアを味方につける!!

キャンプの楽しい時間を作ってくれるのは、便利で快適なギアのおかげ。一気にそろえるのは大変だが、少しずつ仲間を増やしていく感覚で迎え入れよう。自宅にあるだけで、自然とつながる入り口に。

おぎやはぎのハピキャン

番組紹介

キャンプの本質を気づかせてくれる！頑張りすぎないけど役立つ新感覚メディア

老若男女から注目を集めている「キャンプ」「アウトドア」。そんなキャンプやアウトドアをベースに大自然の中、オトナが童心に帰り「めいっぱい楽しむ」をコンセプトにした番組が開始したのは２０１９年３月！キャンプ初心者のおぎやはぎをＭＣに迎え、ゲストとともに経験豊富なプレゼンキャンパーがハウツーやアクティビティ、料理などを教えるという内容。放送や本書に収まりきらない情報は、日々更新されるウェブ版のハピキャンで発信！

放送情報

毎週木曜日
深夜０時20分～

名古屋テレビ放送（メ～テレ）

そのほかの地域では放送日時は異なる。

北海道テレビ放送、青森朝日放送、岩手朝日テレビ、東日本放送、秋田朝日放送、山形テレビ、福島放送、群馬テレビ、テレビ埼玉、TOKYO MX、テレビ神奈川、新潟テレビ21、北陸朝日放送、山梨放送、長野朝日放送、静岡朝日テレビ、朝日放送テレビ、瀬戸内海放送、広島ホームテレビ、山口朝日放送、愛媛朝日テレビ、九州朝日放送、長崎文化放送、熊本朝日放送、大分朝日放送、鹿児島放送（2023年２月現在）

これまで放送のシーズン一覧

SEASON	テーマ	プレゼンキャンパー	ゲスト	場所
0	キャンプはじめてみました	西村瑞樹(バイきんぐ)	みちょぱ、鈴木拓(ドランクドラゴン)	たき火ヴィレッジ〈いの〉
1	ソロキャンプのススメ	ヒロシ	アイクぬわら(超新塾)、西野未姫	滝沢園キャンプ場
2	海キャンプ	つるの剛士	あばれる君、吉崎綾	ちがさき柳島キャンプ場
3	映えキャンプ	YURIE	川村エミコ(たんぽぽ)、ほのか	たき火ヴィレッジ〈いの〉
4	ブッシュクラフトキャンプ	阿諏訪泰義	濱口優(よゐこ)、池田美優	オートキャンプユニオン
5	グランピング	井上裕介(NON STYLE)	最上もが、狩野英孝	藤乃煌 富士御殿場
6	湖畔キャンプ	こいしゆうか	ジョージ(JJコンビ)、フワちゃん	西湖自由キャンプ場
7	通ぶれるキャンプ	じゅんいちダビッドソン、大和一孝(スパローズ)	鈴木亜美	青川峡キャンピングパーク
8	時短キャンプ	ヒデ(ペナルティ)	西野亮廣(キングコング)、ゆきぽよ	星の降る森
9	肉キャンプ	たけだバーベキュー	ワタリ119、小原尚子	成田ゆめ牧場ファミリーオートキャンプ場
10	DIYキャンプ	タケト	としみつ(東海オンエア)、バービー(フォーリンラブ)	Will dining&BBQ
11	キャンプツーリング	村田秀亮(とろサーモン)	井戸田潤(スピードワゴン)、平嶋夏海	中日小野浦キャンプバンガロー村
12	ブッシュクラフトキャンプ 第2弾	阿諏訪泰義	DJ松永(Creepy Nuts)	嵐山渓谷月川荘キャンプ場
13	無骨キャンプ	じゅんいちダビッドソン	高田秋	大岳キャンプ場
14	ミニマムキャンプ	かほなん(さばいどる)	アイクぬわら(超新塾)	深澤渓 自然人村
15	おもてなしキャンプ	木村卓寛(天津)	似鳥沙也加	ニューブリッヂキャンプ場
16	ファミリーキャンプ	金子貴俊	しばゆー(東海オンエア)	ルーラル吉瀬・フォンテーヌの森
17	グループキャンプ	おぎやはぎ	大久保佳代子(オアシズ)、塚地武雅(ドランクドラゴン)、今野浩喜	柏しょうなん夢ファーム
18	冬のお泊まりキャンプ	西村瑞樹(バイきんぐ)	大原優乃	the 508
19	春のお気軽デイキャンプ	たけだバーベキュー	重盛さと美	さなげアドベンチャーフィールド
20	カーキャンプ	田村亮(ロンドンブーツ1号2号)		長井海の手公園 ソレイユの丘
21	ブッシュクラフトキャンプ 第3弾	阿諏訪泰義	Mamiko(chelmico)	北恵那キャンプ場
22	廃校キャンプ	藤森慎吾(オリエンタルラジオ)	ゆうちゃみ	昭和ふるさと村
23	湖畔キャンプ	カンニング竹山	小嶋陽菜	西湖・湖畔キャンプ場
24	グループキャンプ	グッピーこずえ	庄司智春(品川庄司)	RECAMP勝浦
25	ツーリングキャンプ	山下健二郎(三代目 J Soul Brothers from EXILE TRIBE)	ユースケ(ダイアン)	湯河原温泉神谷キャンプ場
26	ブッシュクラフトキャンプ 第4弾	阿諏訪泰義	高橋みなみ	オートキャンプユニオン
27	ゆったりチルキャンプ	江凸崎馬門(ゆったり感)	Bose(スチャダラパー)	玉川キャンプ村
28	デトックスキャンプ	マイキャン	オカリナ(おかずクラブ)	アスパイヤの森キャンプ場
29	海&海鮮BBQを満喫♪サマーキャンプ	たけだバーベキュー	あの	京急油壺温泉キャンプパーク
30	抜くとこは抜くキャンプ	徳井義実(チュートリアル)	村重杏奈	sotosotodays CAMPGROUNDS 山中湖みさき
31	地産地消キャンプ	村田秀亮(とろサーモン)	やす子	Nordisk Hygge Circles UGAKEI

＼超基本!!／

キャンプのイエローページ

自分がしたいのは、どんなキャンプ？ キャンプスタイルの種類

誰と、どう滞在するか。自由に楽しむための一歩として、
3つのキャンプスタイルの魅力を紹介。

Style 1

まずは自然の中に身を置くのみ！

日帰りデイキャンプ

LEVEL：初心者

「コーヒーを淹れて飲みに行く」などひとつの目的だけでも、立派なキャンプ。自分の理想が見え、次回に買うべきギアや準備が見極められる。またグランピング（道具や食材などが用意された快適性を追求した施設）から自然デビューするのも一案。

Style

2

料理からテントまで
イベント尽くし!!

お泊まりグループキャンプ

LEVEL：初心者〜中級者

家族や友達とワイワイ盛り上がるBBQ、焚き火、テント泊など、キャンプの醍醐味を一気に味わえる。ギアは何かと必要だがレンタルするのも手。人数がいれば作業は手分けでき、仲も深まるもの。初心者なら、入念に下調べと準備を。

Style

3

自由気ままな
ひとりの世界に浸りきる

孤高のソロキャンプ

LEVEL：中級〜上級者

ミニマルな装備で訪れ、焚き火の道具やサイト設営にこだわるなど、まるで自分の第二の居場所ができたような嬉しさがある。ひとりだからこそ会話や情報もなく、一切気兼ねない時間が欲しいときにおすすめ。ただし事故や防犯の対策はマスト。

カタチから始める！
必要最低限のキャンプ道具

最初から全部そろえる必要はないが、
何度もキャンプに出かけたいなら定番の７つを。
それぞれ価格や機能もさまざまなので、
まずはコスパを見極めて。PART3（P87 ～）もチェック！

テント

テント泊には必須。重すぎず組み立てやすいものが◎。ドーム型、ツールーム型、モノポール型など形状やサイズがいろいろ。利用人数に合わせて選んで。日帰りの居住空間としては、１枚布のタープ（P52）でも。

焚き火台

網をのせればグリルなど料理ができ、網を外せば火おこしの薪で焚き火台にもなる兼用タイプが人気。地面での直火禁止のキャンプ場も少なくないので、持っておくと便利。焚き火シートも用意を。

寝袋・シュラフ

テント泊に欠かせない寝具。選び方を間違えると、寒くて眠れなかったり、必要以上に荷物がかさばる羽目に。目安として、キャンプ場の気温－5℃程度の「快適使用温度」のものが安心。体に合った寝心地や保温性をよく吟味して。

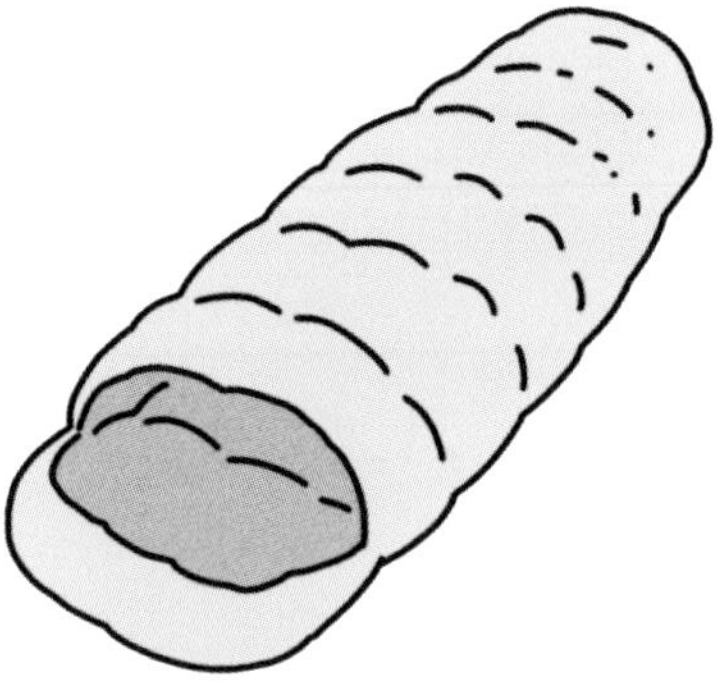

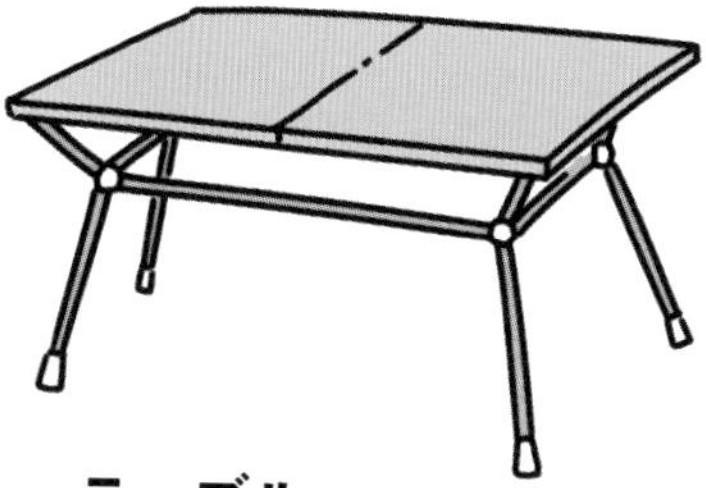

テーブル

食事の際に広げたり、作業をしたり、ランタンを置くなど、ないと意外と困るギア。折りたためれば場所をとらないので、車へ積みっぱなしにしても。

チェア

疲れたら、背もたれにゆったり体を預けられる好みのものを。耐荷重と収納時のサイズをチェック。キャンプ以外にも、自宅やピクニックなどにも使えそう。

ランタン

LED、ガソリン、ガス、オイルなど、さまざまな燃料の商品が売られている。LED製は火を使わないので初心者には安心。慣れてから、火力や着火しやすさ、趣など、好みの1台を選んで。

調理器具

炊飯や煮込み、湯沸かしなどに重宝するクッカー。軽く熱伝導性の高いアルミが定番。ハンドルはたいてい折りたためるので、かさばらない。

何を着れば正解？

失敗しないキャンプの服装

春や秋など過ごしやすい季節で平地なら普段着でも問題ないが、
慣れない土地の天候でも上手に対応できるように準備しよう。

Point 1

時間帯に合わせて
脱ぎ着しやすい

重ね着が基本スタイル

アウトドアだと、思っているより１日の中で気温差が激しい。昼間と夕方でも体感温度はガラッと変わるため、ベース＋ウィンドブレーカーなど羽織れる服装を基本に決める。

Point 2

冬以外でもあると
安心かも！

寒さ対策のフリース＆ダウン

季節によっては、Point 1に加え、保温性の高いフリースやダウン類を準備。焚き火用に難燃素材のものがベスト。寒い冬場のキャンプは手袋やネックウォーマー、ニット帽も欲しい。

Point 3

足元の危険に油断大敵!!

靴やサンダル選び

動きやすく履き慣れた靴で、防水透湿素材だとなおよい。水辺や川遊びでのサンダルは、脱げにくいストラップ付きのものを。靴下も予備を持っておくと安心。

Point 4

雨対策も抜かりなく！

いざというときのレインウェア

体が雨にぬれると、体温が奪われてしまって季節問わず危険。雨の可能性があれば、アウトドア用の撥水・防水性のあるレインウェアを携行しよう。ポンチョよりも腕が回しやすいものがベター。

コンパクトに小物をまとめる機能性の高いサコッシュ

ギアや荷物で両手がふさがりがちなキャンプ。とくに搬入搬出やテントの設営、食事の準備では極力身軽にしたいのが本音。そこで活躍するのが「サコッシュ」！　スマホや財布、サングラス、革手袋などなど、持ち物を詰め込んでかけておけば、常に両手はフリー。軽くてぴたりと体にフィットするので邪魔にならない。耐水で丈夫な生地など、タフなデザインが豊富だ。

Column 1

知っておきたい キャンプマナーの基本

1 ゴミは必ず持ち帰る！ 道具や荷物は極力減らそう

キャンプ場によっては協力費を支払うとゴミを捨てられる場合もあるが、基本的にはゴミは持ち帰ると考えておくこと。ゴミが放置されていると、野生動物がキャンプ場内を餌場と考え、安心安全なキャンプができなくなる場合も。サイトスペース、炊事場などのゴミも各自で片づけよう。

2 直火OKか事前に確認。 焚き火台なら料理もラクラク！

焚き火をしたくてキャンプをする人もいるはず。事前に調べておかなかったせいで、「肝心の焚き火ができない！」という事態は避けたいもの。地面での直火が可能なキャンプ場なのか、焚き火台（と焚き火シート）が必要なキャンプ場なのか事前に確認しておくこと。火の後始末も念入りに。

3 消灯時間を守る！ 周囲に迷惑をかけない

多くのキャンプ場が消灯時間を定めている。普段と違う環境で楽しい気持ちが盛り上がり、おしゃべりが尽きないのも理解できるが、キャンプに訪れる人の多くは早寝早起き。都会の喧騒を離れ、静かにゆったりと過ごしたい人が多い。消灯時間には就寝体制を取るのは大事なマナー。

4 騒音や大騒ぎ厳禁!! 深夜のイベントは控えて

最近キャンプ場でよく見かけるのが、音楽を流している光景。他の人には不愉快に感じるかもしれず、音の大きさは自分が聞こえる程度に抑えておくこと。また、車のドアの開閉音も注意。日中は気にならないが、夜は音が響くので、荷物の出し入れはなるべく少ない回数で済むように意識を。

5 できるだけ自然にやさしく！ 植物由来の洗剤など配慮を

「禁止されていないからやってもいい」のではなく、自然を守るためにも配慮するのが、キャンパーの心得。たとえば、食器を洗う洗剤にも気を遣いたいもの。炊事場の水がそのまま川に排水されてしまうキャンプ場も多く、植物由来・オーガニックの洗剤などチョイスしたい。

PART 1

役立つ！ 通ぶれる！

ハピキャン流 キャンプテク

プレゼンキャンパー
阿諏訪泰義

着火剤いらずで焚き火！フェザースティックとは？

CHECK!
Season 12

番組で紹介したギア ナイフ、薪、革手袋 所要時間 10分

そんな攻めるの～？
剥がれないようにしないとね。

小木

自然と触れ合いながら火おこしのウォーミングアップ

必要最小限の道具だけで、自然の中にあるものを有効活用して過ごすキャンプスタイルのことを「ブッシュクラフト」という。その基本アイテムと言えるのがフェザースティックだ。木の表面を薄く何層にも削ったもので、火がつきやすいため着火の際に役立つ。見たまんまナイフで削るだけだが、人によって個性が炸裂するのも面白い。「ひじは曲げずに下までおろす」「ナイフの根元で切る」が阿諏訪さんからのアドバイスだ！

MINI COLUMN

火おこしに欠かせないファイヤースターターって？

ロッドとストライカーがセットになったもの。勢いよく擦って火花を散らすことで、燃料を使わずにフェザースティックなどに着火することができる。

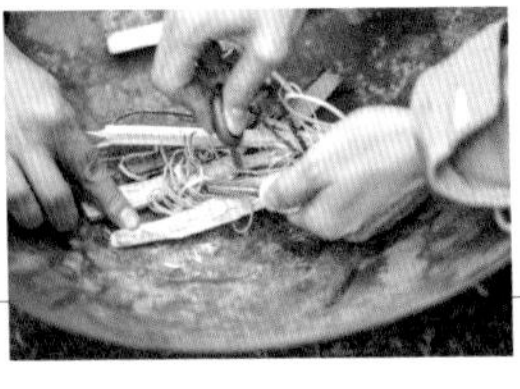

削り上手のポイント

1 ナイフは厚い刃を選ぶ

薪割りからすることを考えると、刃が薄いものは向いていない。厚く、刃渡りが短いナイフが作業しやすい。

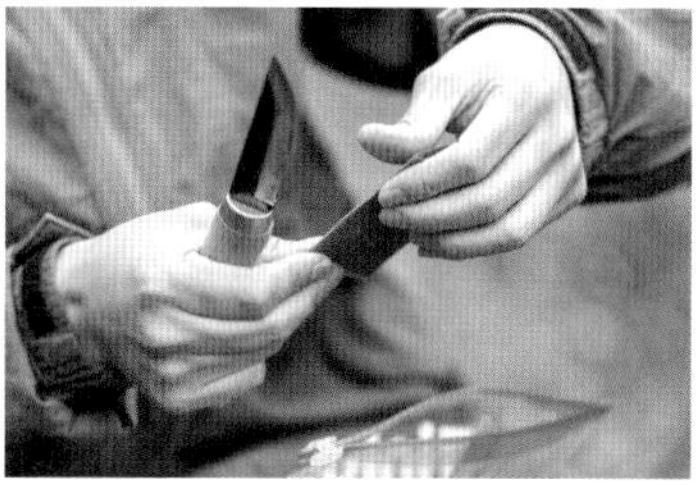

2 材料の薪は針葉樹を

初めてなら、直径2～3cm前後で角のある薪を用意しよう。木目がまっすぐな針葉樹がベター。

3 手袋がマスト！

木のささくれが指にささらないように。熱くないので軍手でもよいが、革手袋なら火いじりにも使えて便利。

4 順目と逆目を見極める

木目がまっすぐでも、削りやすい順目と削りにくい逆目（写真）がある。順目のほうが羽根を長く作りやすい。

5 同じ方向に削いでいく

薪を地面に当て、ナイフを斜めに削ぎ、切れ落ちる直前で止める。少しずつずらしながらいろんな角度で削る。

6 削りカスも残さず活用

削りすぎて剥がれてしまったカスは、着火に使えるので拾っておくとよい。

CHECK!

Season 21

ホント、炭みたいになるんだね。
大成功じゃん！

矢作

プレゼンキャンパー

阿諏訪泰義

火おこしに便利なチャークロスの作り方

番組で紹介したギア　ふた付きスチール缶（アルミは注意）、綿100%の布

所要時間　40分

綿の布を炭化させておくと火おこしの火種に早変わり！

作るのが楽しいフェザースティックは創作性が高いが、火おこしの実用性を重視するならチャークロスもおすすめ！　火がゆっくり燃え続けてくれるから、初心者でも薪に燃え移らせやすい着火剤だ。チャークロスはキットなども市販されているが、あるもので作れば材料費ゼロ。ふた付きの缶に穴を開け、小さく切った布（Tシャツや厚手のタオルなど）を入れて焚き火にイン。煙が出なくなるまで放置し、余熱が取れたら真っ黒にでき上がる。

MINI COLUMN

燃えきってしまわないように途中で缶の穴をふさぐこと

30分ほどで缶のふたの穴から煙が出なくなったあと、木の枝などで穴をふさごう。缶の中に酸素が入ってしまうと、中の布が燃えきってしまう恐れがあるので注意を。

プレゼンキャンパー

阿諏訪泰義

自慢できるカッコよさ!?
原始的な火おこし

CHECK!

Season 4

番組で紹介したギア：チャークロス、火打ち石、麻ひも、落ち葉

所要時間：10分

神の使いみたい（笑）。カッコよすぎでしょ？

矢作

鳥の巣を吹けばモクモクと煙が上がる！

便利なグッズに頼れば火おこしはほんの数分で終えられるが、この阿諏訪流の方法を実践すれば、火をつける過程が思い出になること間違いなし！　まずは、細かく裂いた麻ひもや杉の葉っぱを鳥の巣のように、手のひらサイズにまとめれば準備完了。そこに火種を入れ、いざ息を吹きかけると……煙とともにぶわっと火が上がる！　原始的な佇まいで、やりがいを感じられる。番組ではゲストと矢作さんは成功するも、小木さんは「諦めたわ」（笑）。

MINI COLUMN

火種作りに必要なのが
チャークロス×火打ち石

火口（着火の火種になるもの）としてチャークロスを巻いた火打ち石を、上から下にカチンと何度か打つとうっすらと火種が完成！　これを鳥の巣に戻すだけでOK。

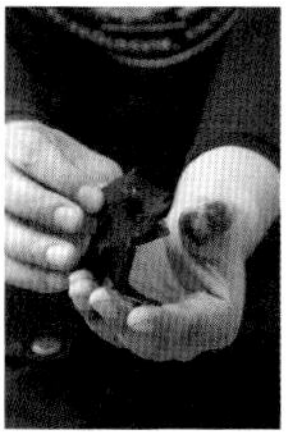

プレゼンキャンパー
西村瑞樹

ナイフ１本で薪割り！初めてのバトニング入門

番組で紹介したギア　ナイフ、薪
所要時間　5分～

それで割り箸作ってくれよ～。すごいじゃん。

矢作

上手にコントロールできれば パカっと割れるのが楽しい作業

太い薪はそのまま使ってもなかなか着火されない。薪割りが必要になるが、斧を持っている人は多くないのでは？　バトニングと呼ばれるナイフを使った薪割りで、使いやすい太さにしよう。薪を地面に立てて中心にナイフの刃を垂直に当て、別の薪でナイフの背を打ちつける。力を使わずに小割りにできるのがなんとも快感！　割り箸～指1、2本分くらいが着火しやすい。割った薪を縦横に積み重ねて、キャンプファイヤーにしても。

MINI COLUMN

訪れるキャンプ場では直火できるか必ず確認を

写真は許可された私有地だが、地面で直接火を燃やす行為（直火）は、多くのキャンプ場で禁止されている。薪などを置ける焚き火台（P16）を用意しよう。

コレ作って夜見たら、
感動するんじゃないの？
小木

雰囲気を爆上げする無骨なランタンスタンド

CHECK!
Season 13

所要時間　20分

番組で紹介したギア　木（太め・細め1本ずつ）、ノコギリ、ランタン

プレゼンキャンパー
じゅんいちダビッドソン

ランタンの魅力が何倍にも！夜のキャンプのお楽しみ

吊るすものがなくても、自然の景色にいい感じになじむ無骨ランタンスタンドを作れる。コツは地面に木がしっかり固定されるように、根元にペグを打ちロープで巻きつけること。また、ランタンの重さに合わせ、長さや角度を調整しよう。見た目の割にはやや手間はかかるが、火が暮れてランタンを吊るせば、「作ってよかった！」と達成感も大きい。ちょうどいい太さや質感の木を探すなど、作る人のこだわりが現れるのも面白い。

MINI COLUMN

太い木を三角形にくりぬき削った細い枝を差し込む

ランタンの重さに耐えられるように、太い木で安定性を出そう。ナイフで三角形にくりぬいて、そこに同じ形に削った細い木を食い込ませれば外れにくい！

プレゼンキャンパー
かほなん

焚き火で吊るそう！トライポッドを自作!!

CHECK!
Season 14

番組で紹介したギア 木3本、ノコギリ、麻ひも、ロープなど（吊り下げ用）

所要時間 30分

ええ、すごくない？これ。**完璧**じゃん！

矢作

飯ごうやケトルを吊るせる！何かと便利な三脚ギア

焚き火の上にクッカーや飯ごう、食材を吊るす三脚＝トライポッド。木の長さで好みの高さに調整できるから、わざわざカッコいいギアを準備しなくてもいい。何より3本の木が支え合う景色はキャンプらしい自然な風情を味わえる！　ちょうどいい木さえあれば、作業は初心者でも1時間からない。DIYデビューにもぴったり。ちなみに、焚き火料理だけでなくP27のようにランタンスタンドとして併用しても。

MINI COLUMN

吊るせるから2品同時調理が可能！

番組ではかほなんさんが解体したという鹿肉（！）を吊るして。トライポッドの下の焚き火台では、川で釣った魚を網の上でグリルしたり同時調理できる。

長さ調整しやすい作り方をマスター！

1 木を切りそろえる

まっすぐで硬めの木を探し、3本同じ長さ（150㎝がおすすめ）に切りそろえる。

2 3本を1つに結ぶ①

3本並べ、真ん中の木の上部にロープを結ぶ。左右の木に交互に3～4回きつくロープを巻きつける。

3 3本を1つに結ぶ②

木の間を縦に2回ずつ巻き、最後にほどけないように結ぶ。

4 フックを作る

調理器具を吊るすためのフックとして、Y字になった木を探す。木の上部に切り込みを入れ、ロープを結ぶ。

5 吊るすロープを準備

ひと結びを少し離しながら、下図の通り作る。「自在結び」と呼ばれ、結び目をスライドして移動できる。

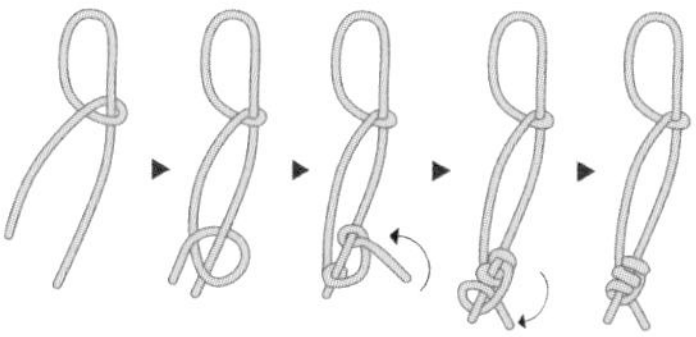

6 器具に合わせて長さ調整

5の結び目でフック位置の高さを変えれば、調理器具の火加減を自由に調整できる。

はさんじゃえば絶対**失敗しない**から！
焦がさないようにするのだけ注意ね。

矢作

CHECK!

Season 7

プレゼンキャンパー

じゅんいちダビッドソン

このためにキャンプへ!? ホットサンドのすすめ

番組で紹介したギア　ホットサンドメーカー

所要時間　15分

驚くほどカンタンなのに“通”ぶれる料理の定番

初めてのキャンプで「何したらいいかわからない……」という人は、ホットサンドはどうだろう。ホットサンドメーカーは各社から発売され、形やデザイン、価格もさまざま（Ｐ94など）。キャンプはもちろんだが、ハマって自宅でも手放せない人もいるほど人気。唯一のコツは、具材がこぼれないように、パンのふちがくっつくように量を欲張らず加減すること。あとは焚き火に当てながら、焼き上がりを待つのが至福の時間だ。

MINI COLUMN

スーパーで出会った惣菜が思わぬ具材の宝庫に！

番組史上もっとも好評だった（とくに矢作さん）のは、ずばり「お好み焼き＋チーズ」。意外な組み合わせを発見するには、地元のスーパーを寄り道してみては？

なんでもホットサンド選手権！

甘じょっぱさがクセになる!?

チェダーチーズ＋6Pチーズ＋ベーコン
＋黒こしょう＋メープルシロップ

甘辛味の新フィッシュサンド。和食材の王様がパンと出会う

うなぎの蒲焼き

アツアツとろ〜り感にこだわった

かにクリームコロッケ＋キャベツ
＋チーズ＋ソース

女子力高めのヘルシー風スイーツ

ライ麦パン＋グラノーラ
＋板チョコ

王道の組み合わせもホットサンドなら新鮮！

とんかつ＋キャベツ

プリッとした食感とフレッシュさ

えびチリ＋トマト

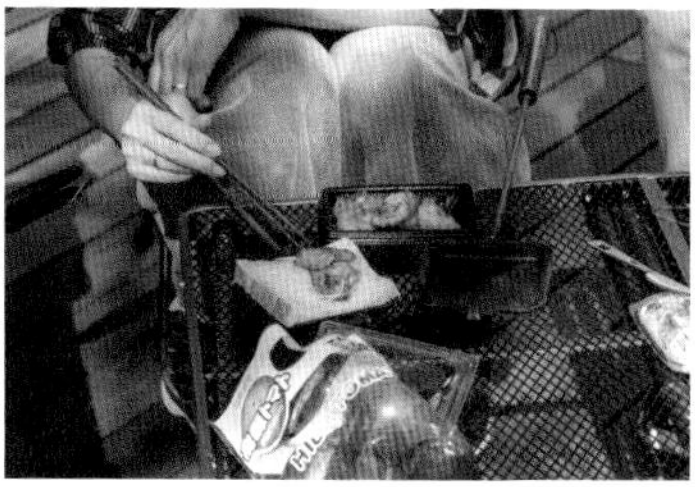

プレゼンキャンパー

阿諏訪泰義

ミルもフィルターも不要。ワイルドなコーヒーの淹れ方

CHECK!

Season 26

《 番組で紹介したギア 》 コーヒー豆、ハンカチ、ケトルなど 《 所要時間 》 15分

（豆を叩いて……）
わ～いいにおい！
ワイルド!!

小木

普通には作らない！一目置かれるコーヒー

大自然の中のコーヒーはキャンプの醍醐味。ブッシュクラフト名人の阿諏訪さんに教わったのは、なんとミルやペーパーフィルターなどコーヒー専用道具を使わずに淹れるという前代未聞の方法。「コーヒー豆って油があるんですけど、フィルターを通すと油が落ちるんです。なのでこの淹れ方は、いつも飲んでいるものよりワイルドな味になると思います」と阿諏訪さん。荷物をできるだけ減らしたい人にも朗報だ！

MINI COLUMN

なんか通っぽい!?“やかん叩き”の意味

左ページ・手順4で「蒸らす」を終えたら、ケトルなどの側面を木で叩こう。叩くことによって、コーヒーの粉が底に沈澱して飲みやすくなるとか！

世界一手軽なコーヒーの淹れ方

1 湯を沸かす

焚き火などにケトルやクッカーを置いて湯を沸かす。

2 コーヒー豆を砕く

ハンカチを広げてコーヒー豆を包み、その上から木の棒で叩いて細かく砕く(右写真くらいの細かさに)。

3 抽出する

湯を沸かしたケトルなどに直接2の砕いたコーヒー豆を入れる。

4 蒸らす

ふたをして2～3分ほど蒸らす。マグカップなどに注いで飲む。

プレゼンキャンパー

たけだバーベキュー

たけだバーベキュー直伝！肉焼きの超基本

CHECK!

Season 9

番組で紹介したギア 黒炭（やまが炭）、チャコールスターター

所要時間 20分（肉を常温に戻す時間は除く）

知らなかった。冷蔵庫からすぐ焼いちゃダメなんだ～。

矢作

失敗しないポイントは適した炭選びから

キャンプで初めて肉やBBQをするなら、炭選びに油断してはならない。焼き鳥屋で目にする「備長炭」が通っぽく選びたくなるが、絶対NG!! とたけださん。火おこしがかなり大変で玄人向けだそう。2、3時間サクッと楽しみたい初心者なら火付きのよい「黒炭」一択！ またグリル台に炭を置くときは、ビシッと並べずに、あえて置かない場所も作ること。強火ゾーンと弱火ゾーンができ、肉の焼き加減を調整しやすくなる！

MINI COLUMN

オリジナルスパイスで楽しみが増える！

自家製スパイスを用意すると肉焼きが楽しくなる。残りは自宅でも使えるし、次回のキャンプが楽しみになる。カレーでおなじみの各種パウダーや和風系、燻製塩などを混ぜて。

やわらか！安い肉でもおいしく焼くコツ

1 肉を常温に戻す

炭の準備をしている間など、30分～1時間ほど保冷バッグから取り出しておく。

2 牛脂をぬる

肉の両面、グリル台の網に牛脂をぬる。旨味が増し、ジューシーに仕上がる。牛脂はスーパーの肉売り場でもらえる。

3 最初は強火で2～3分！

炭が多い強火ゾーンに肉を置き、両面それぞれ2～3分ずつ焼く。

4 焼き加減をチェック

親指と他の指でOKマークを作り、親指付け根と肉のやわらかさを合わせる。中指はミディアムレアとなる。

5 ふたをして弱火10分

理想の焼き加減になったら、弱火ゾーンに移動し、ふたをして10分蒸し焼きにする。

6 ホイルで3分保温

グリル台から取り出したらすぐに切らず、ホイルを3分ほどかぶせる。肉汁や旨味を閉じ込められる。

CHECK!
Season 26

プレゼンキャンパー
阿諏訪泰義

まずは吊るしベーコン、気軽に作ってみない？

《番組で紹介したギア》枝 《所要時間》20分

え!? **枝に直接**ベーコン？
カリッカリに焼いてもウマそう～。

矢作

脂が滴り落ちる！至高のベーコンが完成

これほど楽なキャンプ料理はあるだろうか？焚き火の上にベーコンを吊るし、時を待つ……。ワイルドすぎると一瞬ひるむおぎやはぎだったが（気になる人は木の皮をむいたりきれいに拭くなど自己判断で）、一口食べれば「うんまっ！」。適度に脂が落ち、直火ならではの香りも格別な味わいに。ちなみに〝なんちゃって〟で物足りない猛者キャンパーは、塊肉から作る本格派吊るし燻製ベーコンも達成感あり!!（ハピキャンウェブにレシピ掲載）

MINI COLUMN

世界にひとつだけのベーコン専用スタンド

焚き火の両サイドにＹ字の二股に別れた枝を刺して立て、枝を渡すだけで準備OK！ 枝の根元にペグを刺して固定すると◎。直火が可能かはキャンプ場に要確認を。

CHECK!

Season 18

プレゼンキャンパー

西村瑞樹

湯を無駄なく使う！カップ焼きそば&スープ

《 番組で紹介したギア 》 ガスストーブ 《 所要時間 》 10分

すごいこと考えたねー！
家より外だね、こういうの。

小木

効率的に腹ごしらえ！味わいも豊かになる食べ方

いざキャンプ場に来たからといって、腕を振るった料理をしなくてはいけないルールはもちろんない。腹が減っては準備ができない、そんな時は頼りになるカップ麺を持参してみよう。バイきんぐ西村流のコツは、焼きそばとスープの組み合わせ。焼きそばの湯切りを、なんとそのままスープに使うというもの！「行くのも一苦労だから、楽できることはしたらいいんですよ」と温かい言葉を投げる西村さん。もちろん、自宅で試してもいいかも？

MINI COLUMN

湯沸かしも楽したいからガスストーブでパパッと！

時間のかかる火おこしは今回は見送り。コンパクトなガスストーブがあると短時間で沸かせて便利！写真は「SOTO マイクロレギュレーターストーブ ウインドマスター SOD-310」を使用。

CHECK!

Season 7

プレゼンキャンパー

じゅんいちダビッドソン

塊肉にナイフを刺して、お手軽シュラスコ体験！

番組で紹介したギア　ローストスタンド、サーベル

所要時間　5分（焼き時間除く）

ええ！　**マジックショー**じゃん。
まさかこんなの隠してたとは……

小木

薄く削りながら食べれば常にジューシーでウマい!!

長い串に刺した肉をじっくり焼くブラジル料理・シュラスコ。想像以上にカンタンなのに見た目のインパクトに盛り上がる、キャンプ向きの一品！　準備は焚き火台の上に、ローストスタンドを置くだけ。サーベルに牛塊肉などを刺してセットし、くるくると表面を焼いて、岩塩をガリガリ。まったり火を囲みながら、食べたい部分を各々ナイフで削り取っていく。じゅんいちさん曰く、「絶対ナメられない料理」だとか。

MINI COLUMN

じゅんいち流シュラスコは切った後に塩をふること！

この料理で忘れてならないのがマナー。次食べる仲間のために、切った後に塩をふっておくのが紳士キャンパー。最後までみんな仲よくジューシーに肉を食べられる。

木の棒で焼ける発酵不要のパン「バノック」

CHECK!
Season 26

所要時間 20分

番組で紹介したギア 強力粉、スキムミルク、ベーキングパウダー、塩、木

プレゼンキャンパー
阿諏訪泰義

うめー！ ２回目からはもっとうまく作れそう。
矢作

カンタンで楽しい！ 初心者向けのパンレシピ

一般的なパン作りはこねたり、発酵を二度するなど、手間も時間もかかるもの。海外で伝統的に作られてきた「バノック」は、イーストを使わないからキャンプでも作れる。袋に材料をすべて入れて振り、水を少しずつ入れてこねる。そぼろ状の水加減でＯＫ（入れすぎ注意！）。ひとまとめになるまでもんだら、皮を削って除菌した木に巻きつけ、焚き火にかざしながらじっくり火が通るまで焼けば完成。さらに棒のまま食べれば食器も不要だ！

MINI COLUMN

トッピング次第でちょっとしたおやつにも

食事の主食パンとしてもよいが、生地にドライフルーツやナッツ、チョコ、チーズなどを混ぜ込むのもおすすめ。食べるときに、はちみつをかけると嬉しいスイーツに！

誰かにお金出してもらってさあ、**お店**出したほうがいいよ!!

CHECK!

Season 29

プレゼンキャンパー

たけだバーベキュー

好きなものを包むだけ。なんでもアルミホイル術

番組で紹介したギア	ホイル、食材（じゃがいも、魚介など）	所要時間	30分

小木

ホイルなら洗いもの激減！いいことづくめの調理法

たいていの家にはあるアルミホイルだが、アウトドア料理に活用しない手はない！「常に手放せない」というたけださん。火加減のコントロールが難しい調理環境の中、ホイルで包んで加熱すれば、焼きすぎて焦がしてしまう心配も減るし、さらに適度な水蒸気が対流してしっとり蒸し焼き効果も。何よりグリル台の網も汚れないし、終わったあとの掃除がラクラク！　もちろん、インドアの自宅ご飯でももっと出番を増やしてもよいのでは？

MINI COLUMN

達成感はMAX！釣った魚をホイル焼き

キャンプで釣ったばかりの魚料理に、イカンバカールはおすすめ。魚の内臓を取ってお腹にみじん切りにした香味野菜を詰め、好みのソースをかけて同様に包んで焼くだけ。

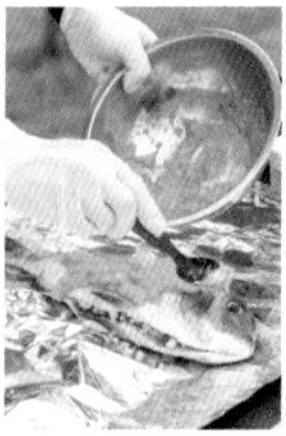

ホイルの可能性∞！　封筒包みの手順

1 ホイルに食材をのせる

ホイルを出し、中央に食材をのせる。食材を並べた幅の2倍の長さで、ホイルをカットする。

2 ホイルを半分に折りたたむ

食材に味つけをしたら、ホイルの長い辺を半分に折り、上下を合わせる。

3 各辺をしっかり閉じる

それぞれの口を二重に折りたたみ、しっかり閉じる。水分が多いものは三重など念入りに。

加熱時間の目安は？

15分くらい焼くと水分が蒸発してホイルがふくらんでくる。そこからさらに5分～食材に火が通るまで焼くとよい。

CHECK!
Season 21

炊けてるーちゃんと！
めっちゃいいにおい！

プレゼンキャンパー

阿諏訪泰義

味と風味は感動級！竹筒で炊飯に挑戦しよう

番組で紹介したギア　竹、ノコギリ、米

所要時間　90分

矢作

竹筒の鍋を自作して一生の思い出に残るご飯

竹筒を飯ごうとして自作するのは、本格派のキャンパーなら挑戦したい夢のひとつ。竹の伐採は許諾が必要だが、ホームセンターや通販でもゲットできる。青竹は水分を多く含んでいるため火にかけても燃えにくく、ほんのり竹の香りがお米に移って唯一無二のご飯に！　竹の表面に切り込みを入れてふたを作り、あとは一般的な炊飯手順と同じ。そのままでも驚きのおいしさだが、地元の山菜や食材を入れて炊き込みご飯にするのも最高だ。

MINI COLUMN

竹で炊く水加減は少し少なめにすること

通常の炊飯では米：水は1：1.2が目安と言われているが、竹の炊飯では竹自体が水分を含んでいるので、水の割合を気持ち少なめに。米：水を1：1くらいがおすすめ。

プレゼンキャンパー じゅんいちダビッドソン

溶岩プレートでジュー!! キャンプで石焼きステーキ

番組で紹介したギア　溶岩石プレート(SOTO ST-3102)、肉、油

所要時間　20分

なんか、**アメリカっぽい**。おれと小木が好きなやつ。

矢作

遠赤効果でふっくら縮まない！ 無骨すぎる肉焼き体験

炭火で焼いた肉がおいしいのは、遠赤外線効果で縮まずふっくらと焼き上げるから。この効果をさらにグレードアップさせる方法が「石焼き」。石は炭と違い直接肉に火が当たらないので、さらに遠赤効果が高まり、極上ステーキが味わえる！河原で平らな大きい石を見つけてゴシゴシ洗うのが一苦労なら、専用のプレートに頼るのも一案。温めたプレートに軽く油をぬって肉をのせ、塩こしょうを好みで。味わったことのないステーキに。

MINI COLUMN

石をアルミで包むのは失敗！ ワイルドにそのまま投入を

番組では、石の割れ防止のためアルミホイルを包んで焚き火に投入。しかし、直火だとホイルが燃え溶けて融着……！石はよく洗ってそのまま火にかけること。

CHECK!

Season 18

プレゼンキャンパー

西村瑞樹

ちょっと寒い日におすすめ！ぽかぽか温まる山椒鍋

《番組で紹介したギア》鍋、食材（左ページ参照）《所要時間》40分

これ、相当ウマいな。**止まんないよ。**
冬は食べ物がおいしく感じるな～。

矢作

山椒の辛味と香りが絶品！火を囲んで食べる最強料理

家庭料理としても秋冬の定番の鍋は、ひとつでたくさんの具材を入れて、一人ひとりよそえば好きな食べ方ができ、片づけの手間もかからないのが人気。バイきんぐ西村さんがハマっているという鍋は、鶏団子やきのこ、野菜をつゆで煮込み、仕上げにピリッと大人な山椒をかけるというもの。寒い冬キャンプには体の芯から温まる。「今日のご飯、トップクラスだよ。外さないな～西村は！」と小木さんも太鼓判！ まずは今夜のご飯にいかが？

MINI COLUMN

１本だけ選ぶならコレ!? 万能な「創味のつゆ」

ほかの調味料を加えなくても味が確実に決まる。一般的な「めんつゆ」と違い、いかにも「めんつゆで作りました!!」という感じがなく、上品に仕上がるのでキャンプ飯に最適！

通もうなる！秘伝の山椒鍋レシピ

材料（4人分・各好みの分量）

鶏もも肉、鶏ひき肉、チンゲンサイ、春菊、長ねぎ、しいたけ、まいたけ、A（しょうゆ、酒、鶏がらスープの素、にんにく＆しょうがチューブ、黒こしょう）、創味のつゆ、山椒

作り方

1

葉野菜はザク切り、ねぎは斜め切り、しいたけは軸を取って半分に切る。まいたけは小房に分ける。鶏もも肉は一口大に切る。

2

肉団子を作る。鶏ひき肉にAを入れ、よくねばりが出るまでこねる。

3

鍋に水と創味のつゆを4：1（水800mℓ：つゆ200mℓなど）の割合で入れて火にかけ、鶏もも肉、**2**をスプーンで丸めながら入れる。

4

1の野菜も加え、火が通るまで煮たら、山椒をたっぷりかければ完成！

CHECK!

Season 13

プレゼンキャンパー

じゅんいちダビッドソン

外だからこそ気楽！食材をなんでも燻製！

番組で紹介したギア　段ボール燻製器（SOTO 燻家スモークハウス）

所要時間　90～120分

待つのはちょっと長いけど、でき上がりが**楽しみだなぁ。**

小木

段ボールでほっとくだけ！お手軽な燻製の始め方

独特な香りや渋みがクセになる燻製料理は自分で作るには敷居が高そうだが、近年は初心者でもカンタンに楽しめるような段ボール燻製アイテムが登場している。手順はいたってシンプルで、段ボールを組み立てて食材をセットし、燻製材となるスモークウッドを燃やして待つだけ。コンビニで買えるものでも燻製によっておいしさは格段にアップ！　テントを立てたり、他のアクティビティをして過ごす間に幸せな一品ができ上がる。

MINI COLUMN

好みのウッド選びも燻製のお楽しみ！

スモーク用のウッドには、りんごや桜の木、ウイスキーオークなど種類はさまざま。香りや渋み、クセが異なり、仕上がりの味わいの違いを楽しむのもおすすめ。

燻製に合うものはなに？

コリッとした食感がマッチ！

たこ

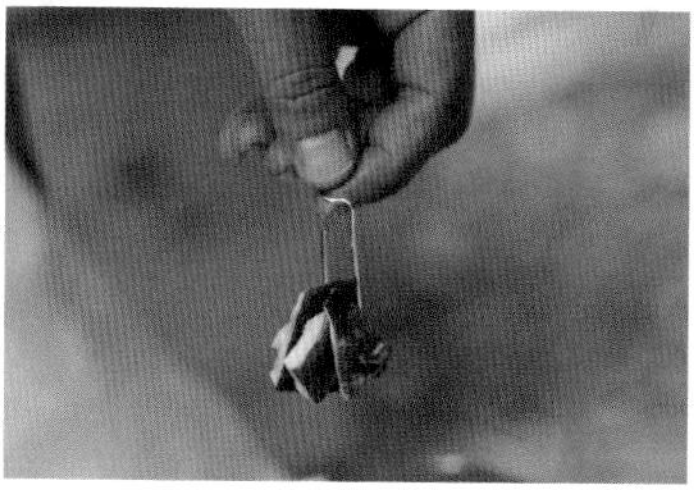

一口サイズで食べやすい

うずらの卵

香りが強いからこそ燻製

さきいか

安価食材が見事に変化!!

ちくわ

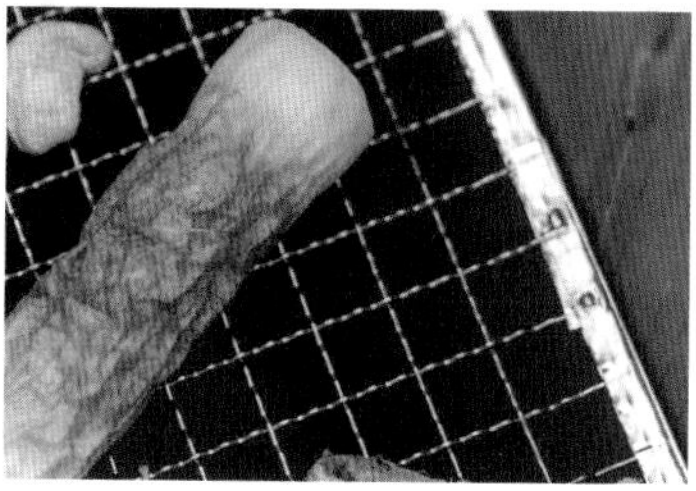

ほかにも、ウィンナーやベーコン、ビーフジャーキー、サラダチキン、ミックスナッツなどもおすすめ！　なお食材に余計な水分が残っているとイガイガした苦味になるので、燻製前にしっかり乾燥させることがコツ。

6Pチーズの燻製は鉄板だが、
思いのほか段ボール内が
高温になるため溶けて網に
くっついてしまい……が味は最高！

プレゼンキャンパー　たけだバーベキュー

植木鉢で丸ごと!?
豪快すぎる「ビア缶チキン」

CHECK!　Season 9

《番組で紹介したギア》植木鉢（8号）×2、ビア缶チキンスタンド（もしくはビール缶）　《所要時間》80分

すごい、座っちゃってるじゃん。
ウマーい！

小木

ビールの力で鶏肉がしっとりジューシーに！

丸鶏をそのまま豪快に焼き上げる、アメリカンな料理「ビア缶チキン」。ビール缶を支柱にチキンを立たせて焼くことで、下からの熱で中のビールが蒸発し、鶏の内側が蒸されてしっとり！　さらにたけだ流のポイントは、植木鉢2つでサンドすること。蒸し焼きにより全体がジューシーに仕上がり、皮もパリッと。開けた瞬間に歓声が上がるとっておきの一品だ。ちなみに、「植木鉢がない……」人はアルミホイルでカバーを作ってもできるとか。

MINI COLUMN

ビア缶チキンスタンドで丸鶏名人になろう

アメリカ製の専用ギアだが、数kgの丸鶏の安定性を考えるとビール缶よりも作りやすい。ビール以外にジュースを入れても。自宅ではオーブンも対応。

たけだ流ビア缶チキンレシピ

材料（4人分・各好みの分量）

丸鶏（内臓など下処理したもの）……1羽分　ビール（350mℓ）……1/2缶
好みのシーズニングスパイス（ほりにしなど）……大さじ3
オリーブオイル……適量

1 植木鉢にスタンドをセット

専用のビア缶チキンスタンドがあればビールを注いでおく。ビール缶で行う場合は、1/2缶の量で植木鉢に置く。

2 鶏肉に下味をつける

鶏はキッチンペーパーで水気をきれいにふき、オリーブオイルやシーズニングスパイスなど、好みの味つけでもみ込む。

3 スタンドに鶏肉を立たせる

1に2の鶏肉を入れ、安定するようにセットする。

4 じっくり火にかける

植木鉢の上の穴はホイルなどでふさぎ、火の上に置いて70分前後、火が通るまで焼く。

CHECK!

Season 9

時短料理が叶う！ダッチオーブンタワー

所要時間　40分

番組で紹介したギア　足付きダッチオーブン（大・中・小）

プレゼンキャンパー　たけだバーベキュー

この料理、**カッコいい!!**
マジかよ〜。

矢作

重たいけど同時にできる！保温力抜群の鍋をフル活用

ダッチオーブンとは鋳鉄製の分厚い鍋のこと。全体が金属なので直火はもちろん、ふたの上に炭を置くなど、上下から熱を加えられるのが得意な調理道具。足付きのサイズ違いなら写真のように、タワー状にセットすれば、最小限の熱源で同時調理が可能に！　ひとつあたり5kg前後と運搬がやや大変ではあるが、手入れをすれば一生モノの耐久性。料理好きなキャンパーは憧れのアイテムだ。1台からデビューしてお試しするのもアリ。

MINI COLUMN

扱うときには耐熱の革手袋が必須

保温力が強いダッチオーブンは、冷めたと思ってもまだまだ熱を持っていることもあるのでやけどに注意！　基本的には皮手袋をして開け閉め、移動すること。

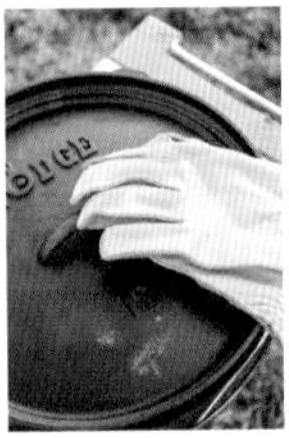

煮込むだけのごちそう3品

上段

オニオンスープ

いたってカンタン！　皮をむいた玉ねぎを丸ごと鍋に入れ、ベーコンと一緒に水で煮込むだけ。コンソメや塩で味つけをし、20分ほど煮込む。

中段

チーズドリア

スキレットで鶏肉と玉ねぎを炒め、小麦粉と牛乳を加えて煮立ってきたら、炊いたご飯をしき詰めた鍋に流し入れる。ピザ用のチーズをのせて10分ほど火にかける。

下段

野菜たっぷりローストポーク

豚ロース塊肉の表面を焼き、切ったにんじん、じゃがいも、玉ねぎを肉の下にしき詰める。さらにトマトやしめじをのせ、オリーブオイルや白ワイン、塩で味つけ。30分ほど煮込めば完成！

15分でタープ完成！「ダイヤモンド張り」を伝授

プレゼンキャンパー
阿諏訪泰義

CHECK!
Season 12

所要時間
5～15分

番組で紹介したギア
DDタープ3×3（MC）、ポール1本、張り網1本、ペグ5本

あぁ、そっか。タープならテントより小さいけど、**いろいろできていいな。**

小木

カンタンに設営できるのに カッコいい見た目！

タープとは、火よけや雨よけの役割を担うアウトドアアイテム。さっと設営すれば、たちまち快適な居住空間を作ることができ、リビングやダイニングスペースなど、目的に合わせて自由自在！1枚の大きな生地をポールやロープで立ち上げ、ペグで固定するのが基本スタイルだ。タープにもサイズや形など種類もさまざまなので、ショップで見比べるとよい。本書では初心者でも比較的張りやすい「ダイヤモンド張り」を伝授！

MINI COLUMN

秘密基地っぽい!?「ビークフライ」もおすすめ

全面が覆われるため、テントのような使い方が可能に。着替えをしたり、ギアを置けば就寝スペースにもなる！設営方法は難しくないが、ウェブのハピキャンを参照。

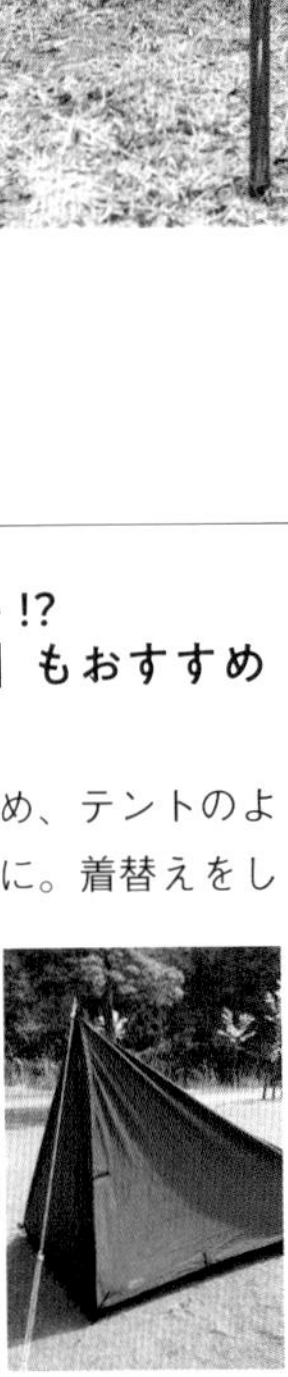

こなれた見た目の「ダイヤモンド張り」

1 角2箇所にペグを打ち込む

8と10のループにペグをしっかりと打つ。

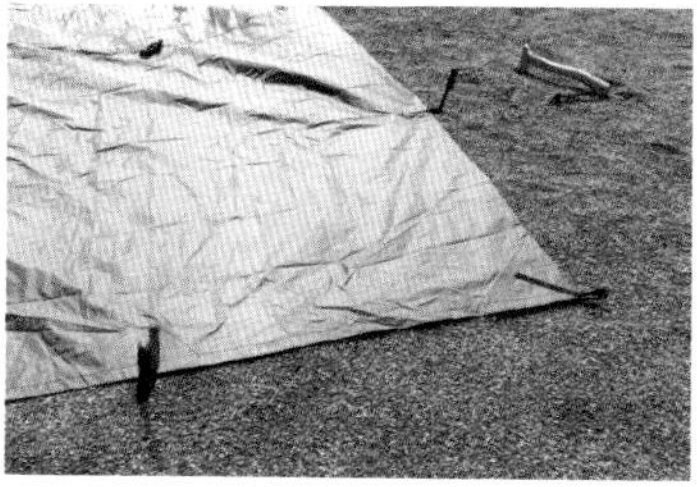

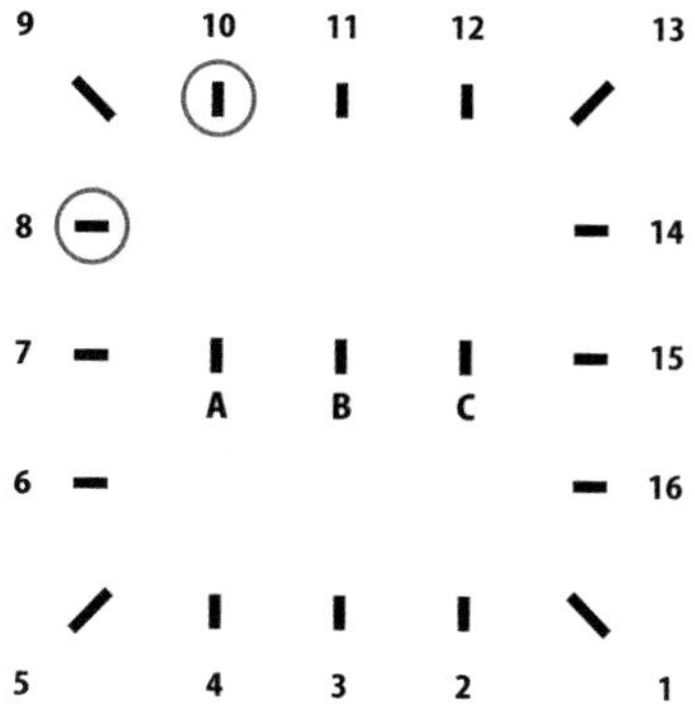

2 対角にポールを設置

ポールの長さ＝天井高となるので好みで調整し、1に取り付けて立ち上げる。張り綱を引っ張り、ペグを打つ。

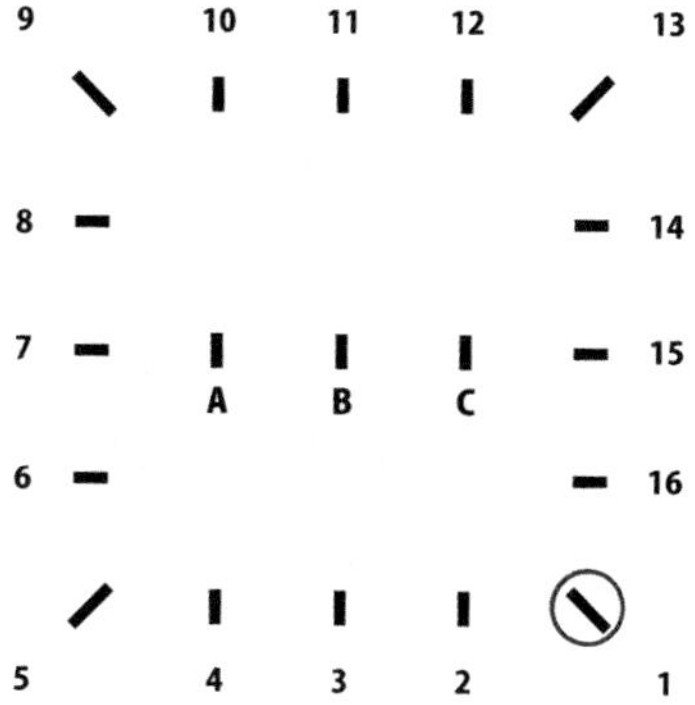

3 左右の角にペグを打ち込む

5と13のループにペグを打つ。タープがたわみすぎず、張りすぎない位置に。

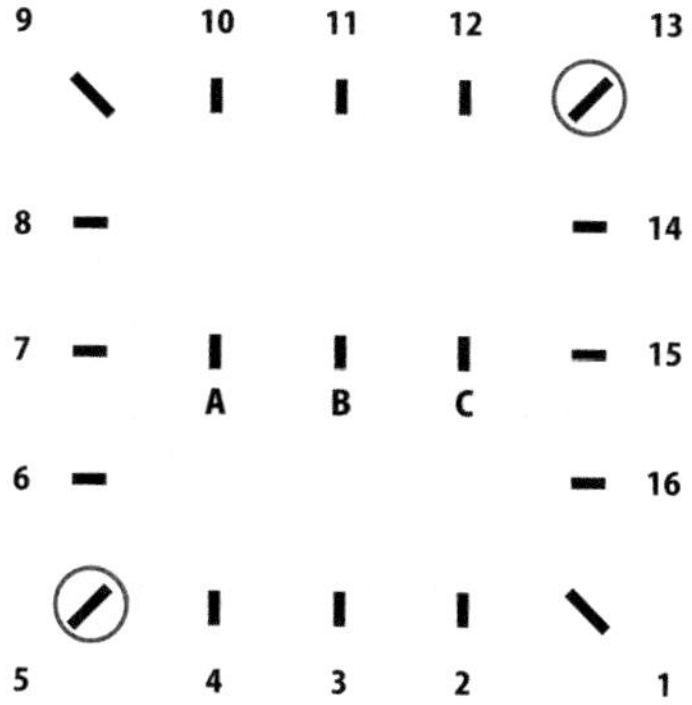

すごい硬い！
こんなに引っ張ってもほどけない！

小木

CHECK!
Season 4

プレゼンキャンパー
阿諏訪泰義

いざというときに便利。覚えておきたいロープ結び

《番組で紹介したギア》 ガイロープ（3〜4mm）　《所要時間》 5分

まずは覚えておきたいロープワークの王様的結び方

キャンプシーンでロープを使うのは、テントやタープのペグが打てないときに木に結んだり、小物を吊るすときなどさまざまある。もっとも多用する結び方が、「ボーラインノット」（もやい結び）。船の重さに耐えられるほどの強い引っ張り力に耐えることが可能だが、撤収時に手でほどくのがカンタン。上の写真のようにタープやテントのループ（輪）で結ぶのに使うほか、緩まないループを作れるのが特徴だ。

MINI COLUMN

ロープをカットしたら火で末端処理

ロープを必要な長さで切ると、端がほつれてボサボサになってしまう。切ったあとはライターなどの火で軽くあぶると丸く固まる。

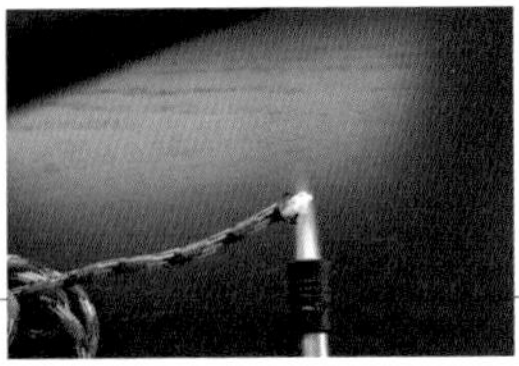

「ボーラインノット」の手順

1 輪を作る

ロープの先端を残し、元のほうの途中に輪を作る。

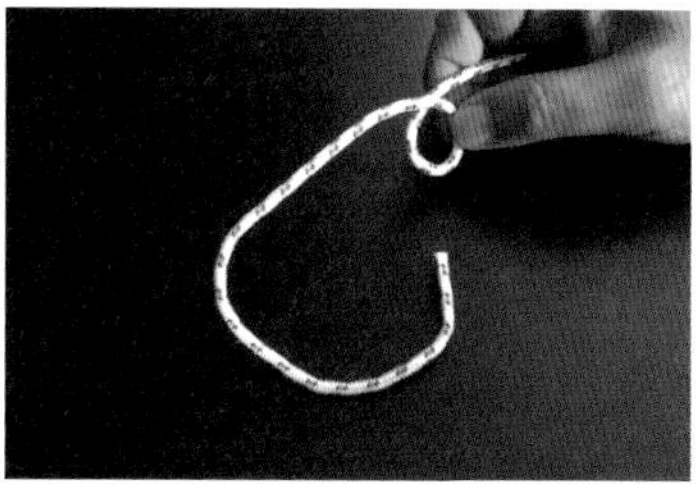

2 ロープ先端を輪に通す

1の輪にロープの先端を下から通す。

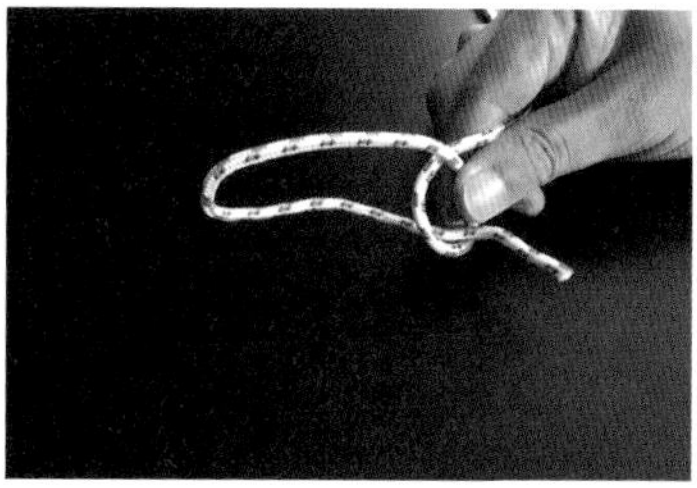

3 先端を下にくぐらせる

輪を通した先端のロープは、元のロープをまたぐように下からくぐらせる。

4 もう一度輪に通す

先端のロープをターンさせて、先端に通す。

5 引っ張る

輪の形を整えながら、先端をしっかり引っ張って完成。

POINT

小枝挟みで撤収がラク！

ボーラインノットで輪を作ったら、もうひとつ輪を作り、小枝などを挟む。すると、挟んだ枝を抜くだけでカンタンにほどける！

究極の自給を体験！水を濾過して飲む方法

CHECK!

Season 12

所要時間 10分

番組で紹介したギア 浄水器（ソーヤー ミニ）

プレゼンキャンパー

阿諏訪泰義

非常時の際に役立つ！川や沢、日常でも活躍

ひとり1日2ℓが必要と言われ、飲料水はキャンプの大きな荷物になりがち……。だが、コンパクトで信頼できる浄水器さえあれば、どこでも水に困らなくて便利だ！　また、水が尽きてしまうような災害などの環境下でもあれば頼もしい。ギアにもよるが、さまざまな菌をしっかり除去できるものなら、煮沸すれば飲料水として安心。きちんと濾過できた水で淹れるコーヒーは、自然と笑顔がこぼれるはず！

すっげー**透明**。やっぱ、商品てすごいね～。

矢作

MINI COLUMN

竹で作った濾過器は濁ったままで失敗……

番組でトライしたのは、小石や炭、布などを層にして竹に詰めた手作り濾過器。……残念ながら泥水のままで失敗！　詳しい手順はウェブのハピキャンで紹介しているのでぜひ。

CHECK!
Season 18

プレゼンキャンパー
西村瑞樹

お泊まりキャンプは、湯たんぽ×直火でホカホカ！

《番組で紹介したギア》湯たんぽ（直火対応のもの）　《所要時間》30分

湯たんぽ、**最高！**
全然違うわ。

小木

直火で使用できる湯たんぽなら お湯を沸かす一手間を省ける！

大ベテラン・バイきんぐ西村さん曰く、泊まりキャンプでの寝る前の準備は3つ。夕食の後片づけと、翌日の朝食の仕込み。そして、寝床の暖を取るために、湯たんぽを準備することだ。夕飯を食べ終わったら、直火対応の湯たんぽに水を入れ、焚き火に当たりながら温める（破裂しないようにふたを外すこと）。そして専用ケースに入れてシュラフの足先のほうに置けばポカポカ！（肌に直接触れないようにし、低温やけどには気をつけて）

MINI COLUMN

快適さ×携行性 シュラフの選び方

初めて買うなら3シーズン用がおすすめ（夏用・冬用もある）。また表記される快適温度が5℃以上のものを。あとは形の好み、収納時の大きさを基準に判断するとよい。

CHECK!

Season 12

プレゼンキャンパー

阿諏訪泰義

古くなったナイフのさび落とし＆研ぎ方

番組で紹介したギア　ナイフ、紙やすり、砥石用油、シャープナー

所要時間　15分

酒飲みながらやると、**楽しそうだ**な！

小木

切れないナイフほど危ないものはない！

ナイフの劣化が原因で思いがけないケガをしたり、思うようにさばけないと小さなストレスに。しかし包丁やナイフを研ぐには、大きな砥石や技術がないとできないと思っているのでは？　阿諏訪さんが日頃からメンテナンスしているのは、紙やすりとシャープナーを使う方法。紙やすりは１００円ショップで買え、シャープナーも初心者向け。ぐんとハードルが下がる。どちらもかさばらないので、キャンプの余った時間にやってもいいだろう。

MINI COLUMN

キャンプナイフのど定番「モーラナイフ」とは？

創業130年以上のスウェーデンのナイフブランド。形状もさまざまだが、とくにフェザースティックや薪割りなど木材加工に適している。ステンレス刃が手入れしやすい。

砥石を使わずにナイフを研ぐ方法

1 切れ味を確認

まずは親指の爪に刃を立て、すべらなければ研げている証拠。すべるナイフは研いでおきたい。

2 紙やすりを用意

最初にナイフ全体のさびを落とすにあたり、800番と1500番の紙やすりを1枚ずつ用意する。

3 刃のさび汚れを落とす

目が粗い800番の紙やすりに砥石用油を数滴出し、ナイフの刃全体のさびを落としていく。次に1500番も同様に。

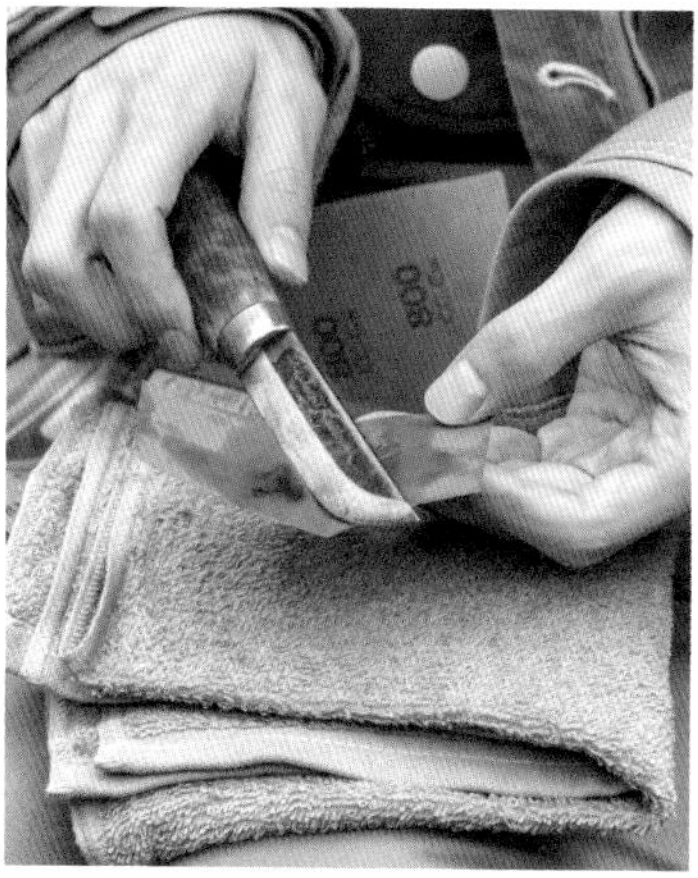

4 シャープナーで研ぐ

きちんとさびが落ちたら、シャープナーを使って刃の先を研ぐ。

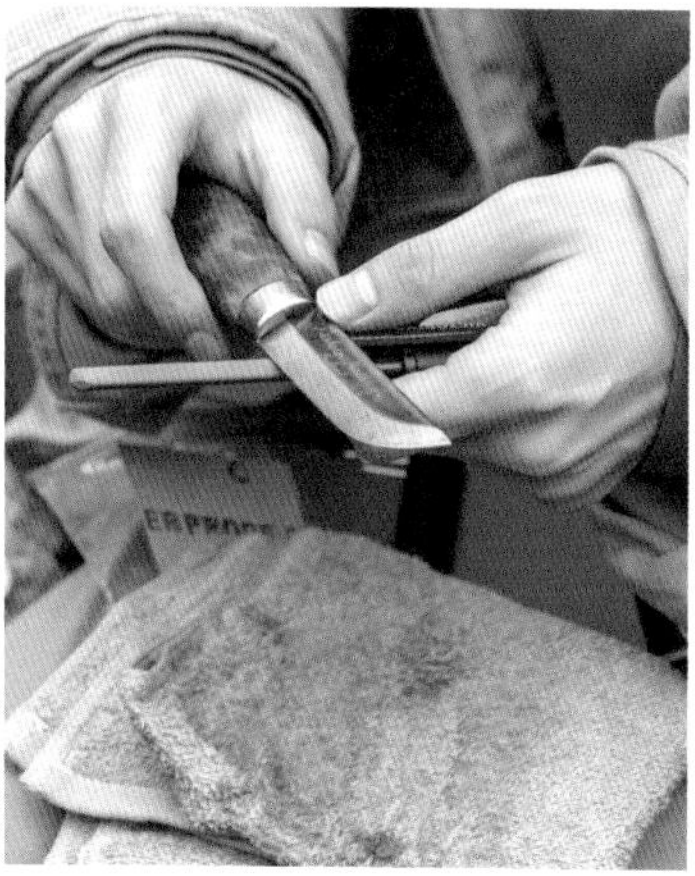

ランドリーバッグでブッシュチェア作り

CHECK!

Season 26

所要時間
40分

番組で紹介したギア
太めの木3本、麻ひも、ランドリーバッグ（BlueMoment）

プレゼンキャンパー

阿諏訪泰義

そこらへんの丸太に座ればいいと思ったけど、**やっぱ違うね。**

矢作

なければ作っちゃえばいい！自然に溶け込みすぎるチェア

折りたたみや軽量タイプなど、キャンプの居住空間で人気ギアのチェア。機能は進化する一方だが、ブッシュクラフトの伝道師・阿諏訪さんの手にかかれば、倒木とバッグで作れるとか。三脚のように3本の木を束ね、トライポッド（P28）を作ればほぼ完成したようなもの。座面となるランドリーバッグなどを用意して通せば、どこでも座れる自作ギア。とくに決まりはないので、角度やサイズは好みを追求するのも楽しい。

MINI COLUMN

使い方いろいろ！便利なランドリーバッグ

「BlueMoment ランドリーバッグ」は厚めの帆布で大容量なので、座布団や枕にしたり、薪運びの袋、テーブルクロスなどに。阿諏訪さんオリジナルグッズ。

ブッシュチェアを作る方法

1 太めの木を用意する

頑丈そうな木を３本集め、それぞれ150cmほどの長さに切る。

2 ３本の木を固定する

木を横に並べ、ロープや麻ひもでそれぞれ二重巻きして、間を縦に巻いて結ぶ。

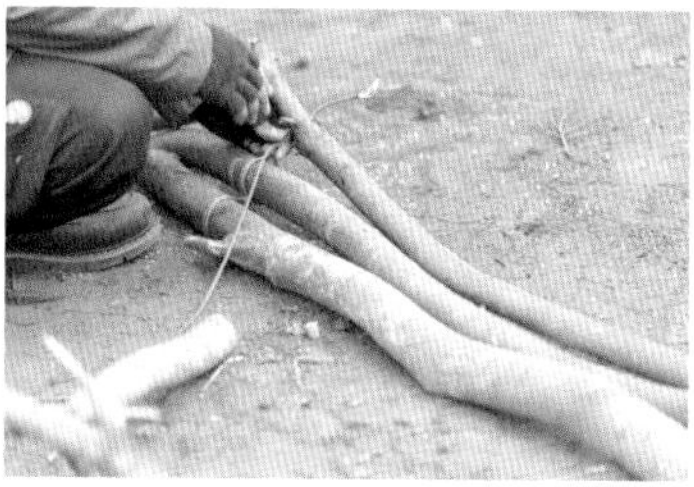

3 地面に立てる

三脚のように地面に立てて固定する。

4 ランドリーバッグを用意

「BlueMoment ランドリーバッグ」を用意する。なければ丈夫な布の上下を袋状に縫い、上にロープを通しておく。

5 横棒にバッグをかける

バッグ下部のスリットに横棒を通し、３の正面に取り付ける。

完成！

座面の高さなど個性が出るが、後ろを支える木の角度で調整できる。

Column 2

100均でそろえられるキャンプ道具

100円程度なら、初心者でも気軽に始められるのがいいところ。
まずは、自分だけのキャンプギアを持って気分を高めてみては？

問い合わせ先
DAISO
https://www.daiso-sangyo.co.jp/
＊店舗によって品揃えが異なり、在庫がない場合があります

アウトドア食器の定番！

ステンレス手付きボウル10cm
(折りたたみ)

ご飯から汁物、飲み物まで対応できるシェラカップ。取っ手部分はカップに沿ってコンパクトに折りたためる。ステンレス製で耐久性も文句なし！

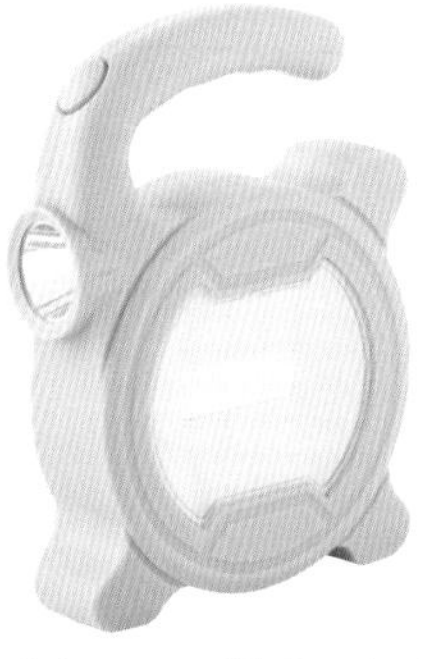

小さいのに頼りになる！

2WAYランタン

卓上などに置いて使うランタンと、持ち歩く懐中電灯の2箇所のライトを切り替えられる。小型ながら明るさも抜群と人気！

外遊びの基本装備

レジャーシート
(ネイティブ、90cm×60cm)

1枚あれば、どこでも靴を脱いで自然体でリラックスできる。もちろんキャンプ以外でも活躍の場は多い。柄バリエも豊富！

100円じゃないけど本格派！

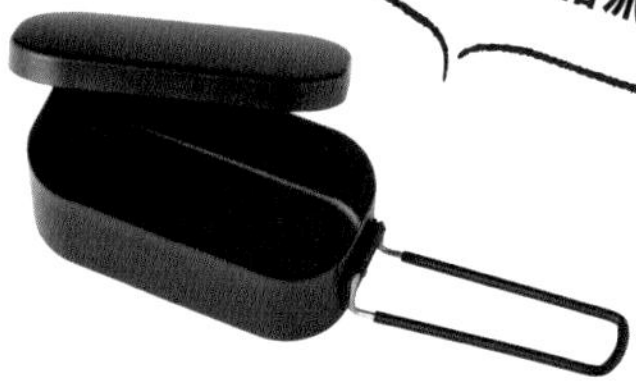

メスティン(1合、フッ素加工)

キャンパーの間でブームとなった調理ギア。コンパクトな飯ごうのようだが、炊飯以外の調理にも汎用性が高いのが人気の理由。フッ素加工で手入れもしやすく、黒のカラーリングもキャンプになじむ。700円（税別）

テントの張り縄、物干しロープとして

ガイロープ
(アウトドア用、ベージュ、3m)

ほつれにくく、ほどよいコシがあるからテントやタープ張りに最適。紫外線にも強いから日光で劣化もしにくく、雨天時や水辺での使用でも耐久性抜群。

PART 2

プレゼンキャンパーが教える

絶品ラクうまキャンプ飯

たけだバーベキュー流

Camp Cooking Recipe

「がっつり肉」キャンプ飯レシピ

Recipe 01 ステーキガーリックライス

材料(2人分)

牛ステーキ肉………… 1枚
にんにく………………2かけ
コーン缶………………小1缶
白ご飯………………… 2杯分
焼き肉のたれ…………大さじ5
塩こしょう……………適量
オリーブオイル………大さじ1
バター…………………20g
青ねぎ(カット)………適量

作り方

1 牛肉は塩こしょうをする。にんにくはスライスする。

2 フライパンにオリーブオイルと1を入れて熱し、焼けたら取り出して寝かしておく。

3 同じフライパンにバターを入れて溶かし、ご飯、コーン缶、焼き肉のたれを加えて混ぜながら炒める。

4 2をスライスしてのせ、ねぎを散らす。

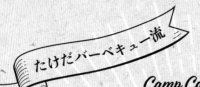

フライパンひとつで すべての食欲を満たす！

Takeda's Comment

某ステーキチェーン店風のライスレシピ。
がっつり系のレシピなので、ステーキの大きさを
大きくしたり､焼き肉のたれを辛口にしたりなど、
アレンジするのもいいと思います！
バターの風味が食欲をそそり、
コーンの甘さが肉の旨味を引き立てる!!

Recipe 02

鶏もも肉の宮崎地鶏風

材料(2人分)

鶏もも肉……………… 1枚
塩こしょう…………… 適量
柚子こしょう………… 適量
水菜…………………… 1束(30g)
サラダ油……………… 大さじ1

作り方

1 水菜は適当な長さに切る。鶏肉も食べやすい大きさに切り、塩こしょうをする。

2 ザルに鶏肉を入れ、炭火もしくは焚き火の上で振りながら焼く。時々油をかけて炎を出して焼くとよい。

3 火が通ったら、水菜の上に盛り付けて、柚子こしょうを添える。

Takeda's Comment

ザルを調理器具として火にかけるので、
100均のステンレス製がおすすめ。
振りながら油を落として焼くからヘルシーに焼き上がり、
炭の味がおいしさをさらに増してくれます。
真っ黒に仕上げてください！

カリッとジューシー！炭火の香りがたまらない

Recipe 03

四日市とんてき

材料（2人分）

豚ロース厚切り肉
（ステーキ用）……………2枚
にんにく……………………4かけ
塩こしょう…………………適量

A
ウスターソース……大さじ4
しょうゆ、みりん……各大さじ2
砂糖……………………大さじ1

サラダ油………………大さじ1
キャベツ（カット）……適量

作り方

1 にんにくは皮をむいてつぶす。豚肉は切り込みを入れてグローブのような形にして塩こしょうをする。

2 フライパンに油を熱し、にんにくを焼いたら、豚肉を入れて両面焼く。

3 焼き目が付いたら、Aを加えてとろみが出るまで熱してからめる。

4 キャベツの横に3を盛り付ける。

Takeda's Comment

三重県四日市市の名物料理。
豚ロース肉ににんにくの風味が効いたたれが
絡んでめちゃくちゃおいしいです。ごはん泥棒です。
味が少し濃いので、たっぷりのキャベツとともに
食べてください。

スタミナ満点のにんにくと甘辛だれが食欲そそる

阿諏訪流

Camp Cooking Recipe

「お手軽おつまみ」キャンプ飯レシピ

Recipe 04

サバのクリームチーズディップ

材料(2人分)

サバ水煮缶……………1缶
クリームチーズ
(常温に戻しておく)……40g
レモン汁………………適量
しょうゆ………………小さじ1
塩…………………………少々
黒こしょう、パセリ……各少々

作り方

1 シェラカップなどの容器に、汁気をきったサバ缶を入れ、クリームチーズ、レモン汁、しょうゆ、塩を入れてよく混ぜる。

2 パセリと黒こしょうをふって盛り付ける。

海苔にのせてもウマい!!

Asuwa's Comment

しょうゆだけだと味が少しぼやけるので、
塩を足すのがポイント。
食感が欲しい場合は玉ねぎやセロリの
みじん切りを入れてもとてもおいしい！
バゲットにのせて食事にしても OK。

缶詰にひと工夫で
カンタン。
お酒のあてに
ぴったり

Recipe 05 アボカドとトマトの浅漬け

材料(2人分)

アボカド……………………1個
トマト………………………1個
めんつゆ……………………大さじ３強
酢、砂糖……………………各大さじ1
にんにくチューブ…………少々

作り方

1 アボカドは半分に切り種を取って皮をむき、一口大に切る。トマトは半分に切って、さらに６等分にする。

2 密閉保存袋にすべての材料を入れ、半日ほど漬ける。

Asuwa's Comment

前日に仕込んでいくもよし、キャンプ場について早めに仕込むもよし。みょうがやパプリカなどを入れてもよい。仕上げにごま油を回しかけると、グッとコクが出ておいしくなります。洋風にしたい場合はオリーブオイルを。

Recipe 06 ピリ辛しらす 納豆やっこ

材料(2人分)

絹豆腐………………………1丁
しらす………………………20g
納豆…………………………1/2パック
揚げ玉………………………大さじ2
青ねぎ(カット)…………適量
ラー油………………………少々

作り方

1 たれを混ぜた納豆、しらすを和える。

2 水気をきった豆腐を器に入れて１をのせ、揚げ玉、ねぎをのせて、ラー油を回しかける。

Asuwa's Comment

揚げ玉の食感を生かすため、納豆と一緒に混ぜずに仕上げにのせること。辛さが苦手な方はラー油の代わりにごま油でもとてもおいしくできます。味つけは納豆のたれとラー油だけですが、しらすの塩分もあるから十分。

メインの合間に作れる混ぜるだけの超速2品!!

かほなん流

Camp Cooking Recipe

「飯ごう大活躍」キャンプ飯レシピ

Recipe 07 飯ごうピザ

材料(2人分)

ピザ生地
(直径約17cmのもの・
もしくは食パン)……… 1枚
ウインナー…………3本
コーン………………40g
ピザソース…………大さじ2
ピザ用チーズ………50g
パセリ………………適量

作り方

1 ウインナーは輪切りにする。ピザ生地（もしくは食パン）にピザソースをぬり、ウインナー、コーン、チーズをのせる。

2 飯ごうを横に倒して下面に油をぬる。1を入れて外ぶたをし、焚き火の上で、たまに回して位置を変えながら、弱火で5分ほど焼く。

3 こんがり焼けたら、飯ごうから取り出し、パセリを散らす。

飯ごうは超便利！

外ぶた

中ぶた

本体

飯ごうというと、「ご飯を炊く道具」のイメージが強いかもしれません。でも実は、鍋として使ったり、器として使用したりなど、超便利な道具なんです！

飯ごうは外ぶたと中ぶたと本体の３つからできていて、それぞれ役割があるので、上手に使って、キャンプ料理をさらに楽しんでください♪

Kahonan's Comment

飯ごうを横に倒せば、ピザも焼けちゃう!?
お気に入りの具材で、簡単＆時短！
お手軽ピザを作っちゃおう！
火から少し離して弱火で焼くのがポイント！
あればトーチバーナーであぶってもおいしい。

ピザ窯
オーブンも不要！
キャンプ場で
焼きたてを
楽しめる

Recipe 08

飯ごう チーズフォンデュ

材料（1人分）

A
- ウインナー……2本
- じゃがいも（皮付き）……1個
- ブロッコリー……1/3房
- パプリカ……1個

ミニトマト……3個

バゲット……適量

牛乳……100mℓ

片栗粉……大さじ1

ピザ用チーズ……50g

作り方

1 Aは食べやすいサイズに切り、中ぶたに入れる。

2 飯ごう本体に高さ6cmほど水を張って外ぶたをし、強火にかける。沸騰したら外ぶたを外し、1を入れて外ぶたをし、炭火もしくは焚き火の上で、中火にかけて10分蒸す。

3 外ぶたを外し、蒸したAを外ぶたの中に移す（飯ごう本体のお湯は捨てない）。

4 空いた中ぶたに牛乳を入れて弱火にかけ、片栗粉をまぶしたチーズを少しずつ入れて溶かす。

5 再び飯ごう本体に重ねて弱火にかけ、温めながらバゲット、ミニトマト、Aをチーズにくぐらせて食べる。

Kahonan's Comment

とろーりチーズに具材をからめて♪
蒸し料理も温めるのも、これひとつでOK！
飯ごうだからできちゃう本格チーズフォンデュレシピ！

火を囲んでとろ〜り！
熱々チーズをたっぷり堪能

Recipe 09

スモア風 マシュマロトースト

材料（1人分）

食パン（厚めの山型）…1枚
バター…5g
マシュマロ…14個くらい
チョコレートソース…大さじ1
ミント…適量

作り方

1 食パンは耳の輪郭を厚さ1cmほど残し、中央の白い部分をくりぬく。

2 中ぶたにバターをぬり、ふちに1の耳を沿わせてパンを入れ、真ん中の白い部分を入れ、軽く押さえてからマシュマロをしき詰める。

3 炭火もしくは焚き火の上で、弱火で2分ほど焼いて火を止め、マシュマロに焦げ目がつくまでトーチバーナーであぶる。チョコレートソースをかけ、ミントをのせる。

Kahonan's Comment

焼きマシュマロの食感とチョコが相性抜群。
キャンプスイーツの定番「スモア」がトーストに！
マシュマロは隙間なくしき詰めるのがポイント♪
トッピングに砕いたナッツをのせても◎

淹れたてのコーヒーと一緒に最高のブレイクタイム

じゅんいちダビッドソン流

Camp Cooking Recipe

「ワイワイ盛り上がる」キャンプ飯レシピ

Recipe 10 しらすとエリンギ、卵のアヒージョ

材料（2人分）

しらす干し……………60g
エリンギ………………2本
にんにく………………2かけ
卵………………………1個
塩………………………小さじ1/2
オリーブオイル……1/2カップ

作り方

1 エリンギは縦に割く。にんにくはスライスする。

2 スキレットにしらす、エリンギ、にんにくを入れてオリーブオイルを注ぎ、塩を入れて火にかける。時々混ぜながら4～5分加熱する。

3 スペースを空けて卵を割り入れ、白身に軽く火が通るまで1～2分加熱する。

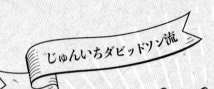

Junichi's Comment

えびやたこがなくてもしらすでOK！
厚手のスキレットは冷めにくいから、
外でもアツアツが食べられる。
ウマすぎて、一気に食べたらヤケドするよ！

安価な材料で嬉しい一品！ にんにく香るオイルにパンを浸して

Recipe 11

鯛の塩釜焼き

材料（2人分）

鯛（下処理したもの）…… 1尾（500～600g）
卵白 …… 3個分（約100g）
粗塩（自然塩）…… 1kg
小麦粉 …… 大さじ2

作り方

1 ボウルに卵白を入れ、少し泡立つくらいまで溶きほぐす。粗塩と小麦粉を加えながら全体を混ぜる。

2 ホイルの上に1を広げて鯛を置き、1の残りをのせて押し固め、ホイルで包む。

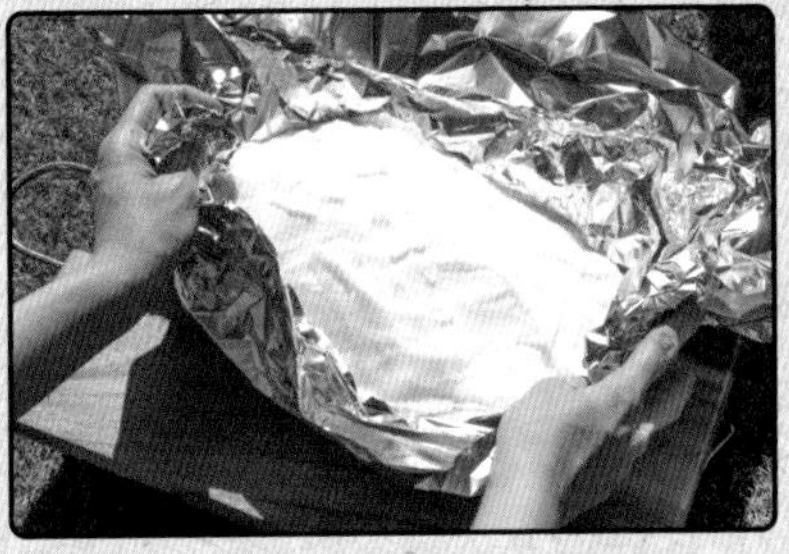

3 焚き火の中に2を入れ、20分～火が通るまでしっかり焼く。塩を割って身をほぐして食べる。

Junichi's Comment

20分ほどの加熱で想像以上に簡単にでき、
人数に合わせて真鯛・チダイなど
鯛のサイズを変えれば、みんなで楽しめる料理。
見た目のインパクトと、
でき上がるまでの鯛と塩のいい香りを感じてほしい！

塩釜効果で
身はふっくら!
固まった塩を
割るのも
楽しい

Recipe 12

わんぱんかるぼなーら

材料（2人分）

スパゲッティ……200g
ベーコン……5枚
卵……1個
牛乳……500mℓ
にんにく（チューブ）…小さじ2
塩……小さじ1弱
オリーブオイル……大さじ2
粉チーズ……お好みで
こしょう……少々

作り方

1 大きめのフライパンにオリーブオイルとにんにくを入れ、刻んだベーコンを加えて炒める。

2 ベーコンに火が通ったら、牛乳と塩を入れひと煮立ちさせる。

3 スパゲッティを半分に折り入れて、袋表示のゆで時間＋1分煮込む。

4 水分が飛んだら、粉チーズを入れる（水分がなくなりすぎたら水を少し足す）。

5 火を止め、卵を入れてすばやくかき混ぜ、こしょうをふる。

Junichi's Comment

つっつん（インパルス・堤下敦さん）に
教えてもらった、
フライパンひとつでできるカンタン料理！
わざわざ湯切りしなくていいから、
キャンプ飯に最適だね。

PART 2

プレゼンキャンパーが教える

別ゆでしないから手間いらず！牛乳で濃厚に作れるレシピ

Column 3

松ぼっくり×薪で“ちりとりクイズ”

キャンプ場にあるもので、のんびり遊べるクイズをご紹介！
薪４本を置いて作ったちりとりの中に、松ぼっくりを入れれば準備完了。

Q

薪を２本だけ動かして、松ぼっくりをちりとりの中から出してください。

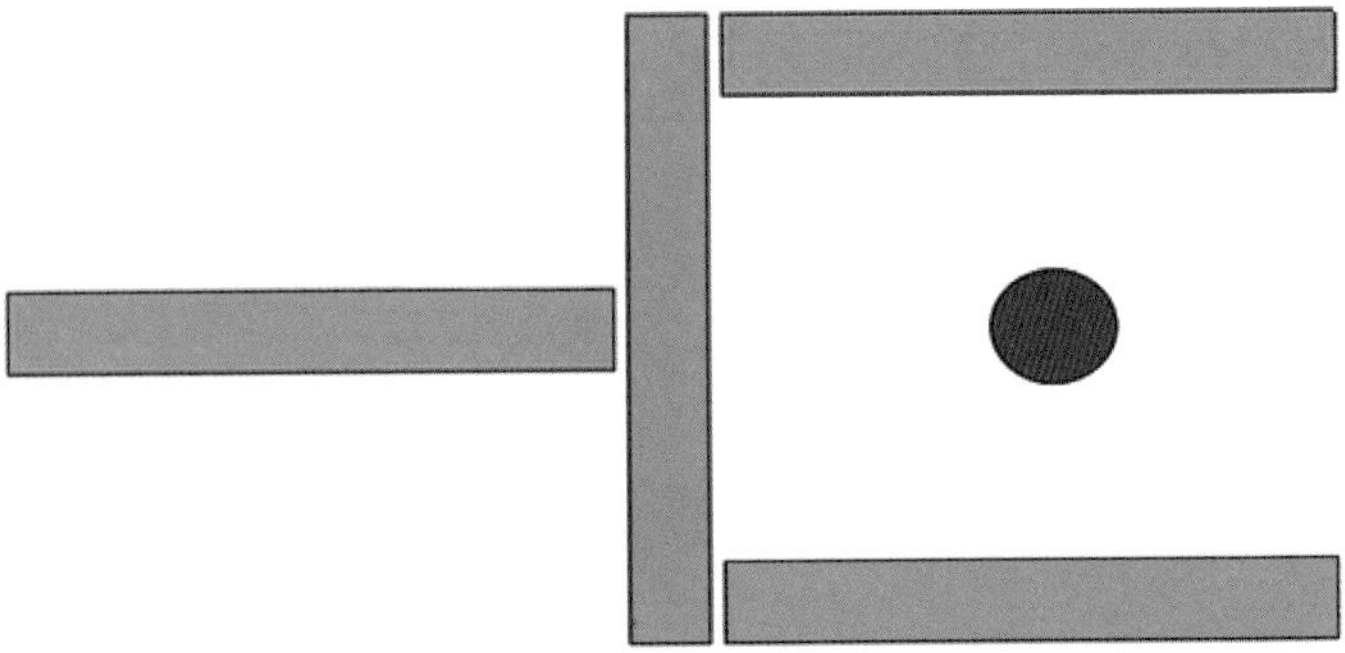

A

１本目は
赤を左にずらし、
２本目は
青を左下へ移動。

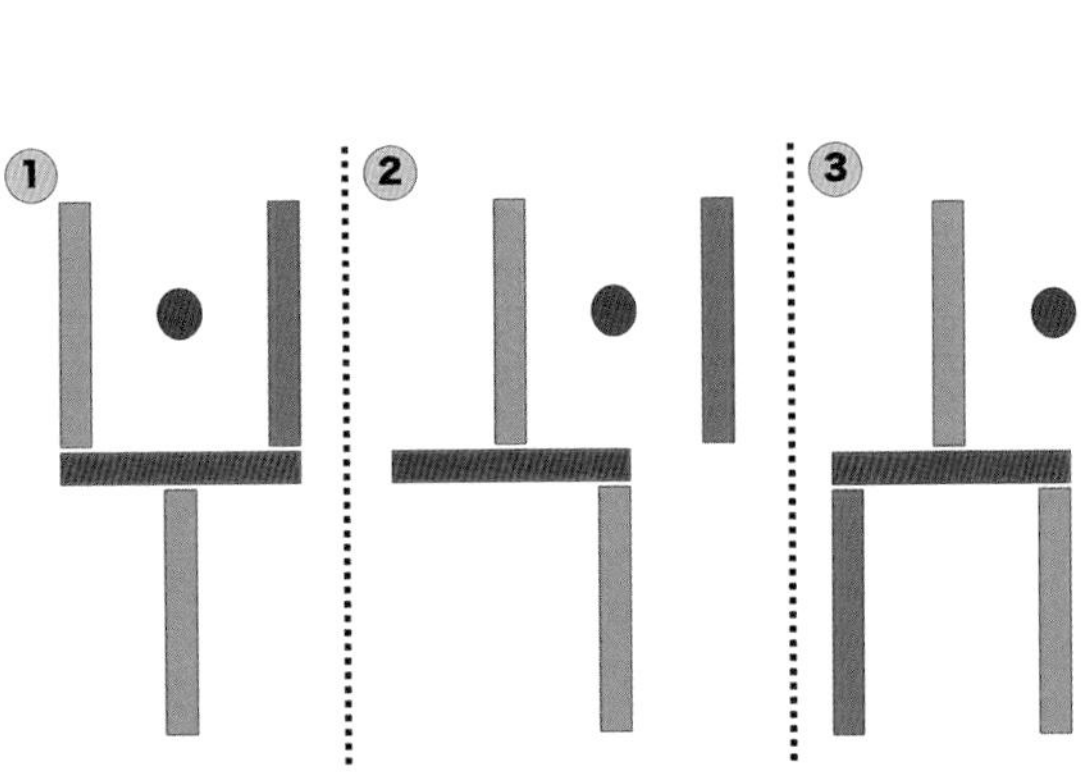

PART 3

沼へようこそ！
キャンプが
100倍楽しくなる
ギアカタログ

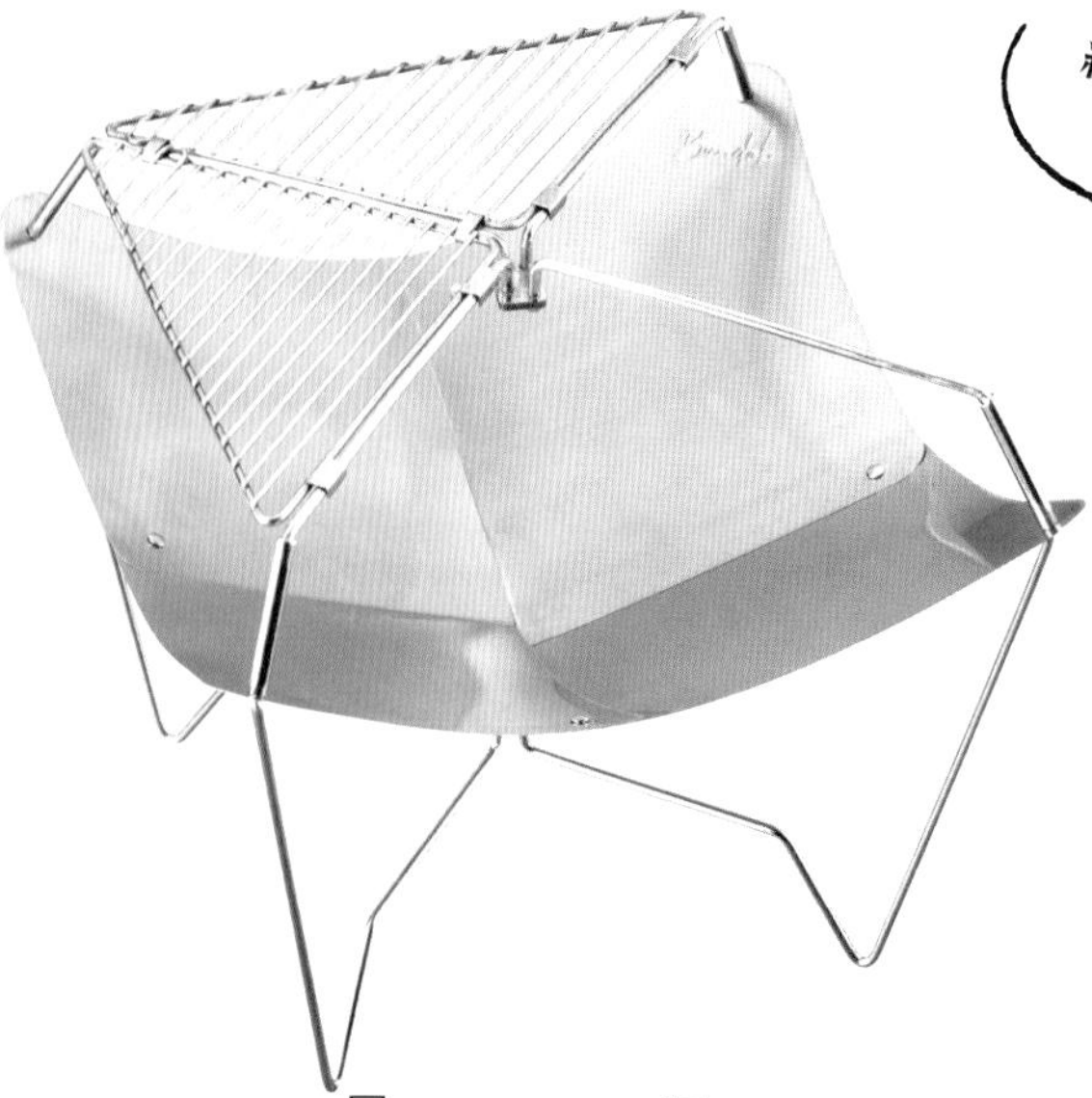

コンパクトで軽量！
組み立てや持ち運びも
カンタン

BUNDOK LOTUS

メーカー：BUNDOK

阿諏訪泰義 Select!

新潟県発のキャンプブランドの焚き火台。ソロキャンプ界隈では大人気のピコグリルと同じく、底面から酸素の流入が少ないため、焚き火がゆっくり燃えるスローバーニングな炎を楽しめる。

火おこし

キャンプの原風景といえば、「火」！
火を上手に演出することこそ、キャンプ上手と言える。
火おこしにまつわるギアにこだわってみよう。

焚き火台

Bonfirestand

フルサイズとして
世界最軽量！
重たい薪にも耐えられる

ウルトラライト ファイヤースタンド

メーカー：Bush Craft Inc.

かほなんSelect!

収納するとコンパクト。広げるとフルサイズだから大きい！「軽くて、ギアケースにスッと入れられるのが便利です」。高さが低いので、ブッシュクラフトとの相性も◎

Fire Grill
グリル台

パッカーズグリル

メーカー：パーセルトレンチ

阿諏訪泰義 Select!

「無骨な男の焚き火五徳といえばコレ」。アメリカ製で、超軽量。不安定な薪の上に置いて、その上にクッカーやフライパンをのせて料理すれば気分は北欧のブッシュクラフト。焼き肉用の網だとカッコつかないし、少し重量のある鍋でもたわまないのが心強い。

どんなスタイルにも合う！
バックパックに背負いやすい五徳

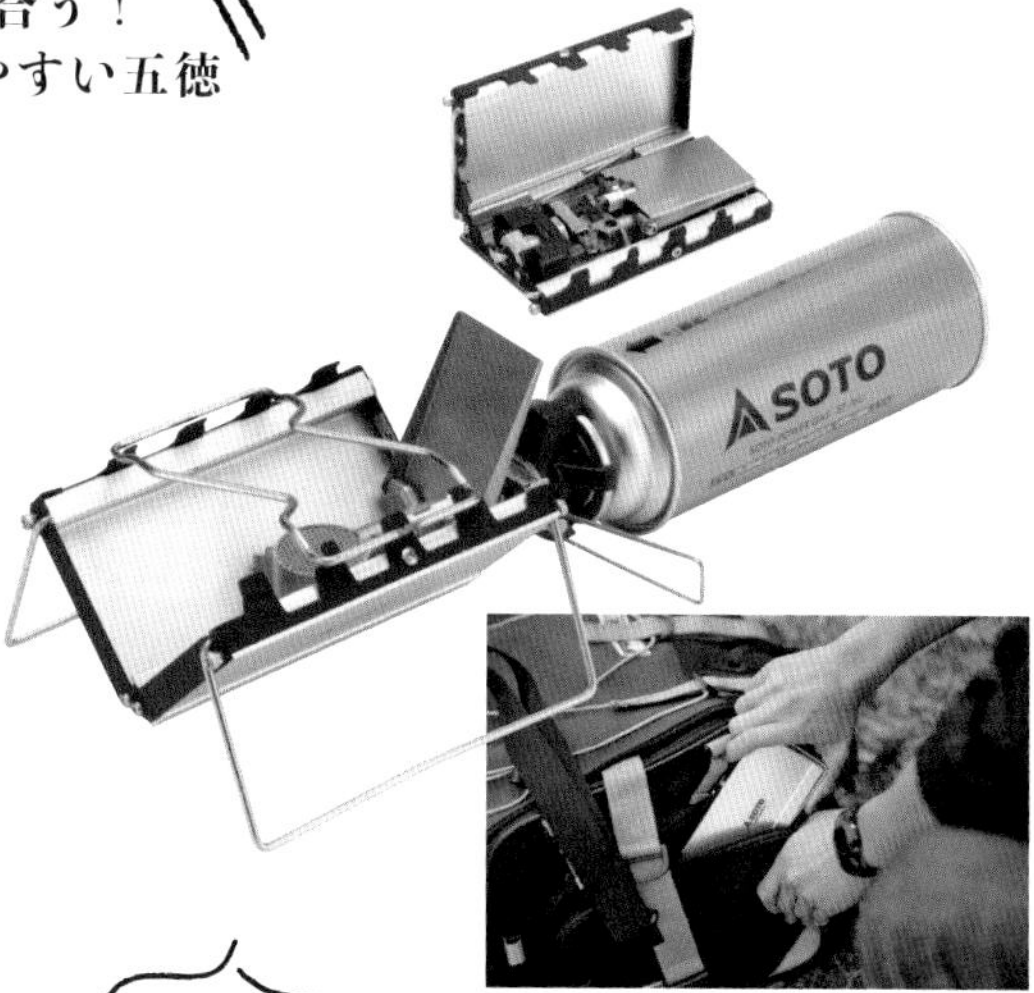

G-ストーブ ST-320

メーカー：SOTO

じゅんいちダビッドソンSelect!

コンパクトで手軽に使える、とても優秀なバーナー。小さくても火力は十分。「沖縄や島に行く時など、荷物をあまり増やせないキャンプではかなり重宝しています」

本みたいに持ち運べる！
超コンパクトな
シングルバーナー

電動ファンで
炭おこしラクラク！

クールスパイダープロ/L ファン

メーカー：コールマン

ハピキャンSelect!

バーベキューグリルの定番グリル。ファンがあることで、うちわで炭を扇ぎ続ける必要がないのが優秀。灰が舞い上がりにくい設計はもちろん、肉などおいしく焼き分けられる火加減調整も。

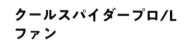

Fire Gloves《グローブ》

G-1

メーカー：グリップスワニー

阿諏訪泰義Select!

焚き火台を移動させたり、何かと高温になる焚き火周りには必須の革手袋。「軍手でも事足りますが、使い込むほどになれて手になじむ革素材は愛着もひとしおです」。ハードに使って硬くなった革手袋にミンクオイルをぬったり、愛情を注いで欲しいギア。

フィット感抜群！
あらゆるシーンに使える

雨風の中、
低酸素の高所でも
着火しやすい
便利アイテム

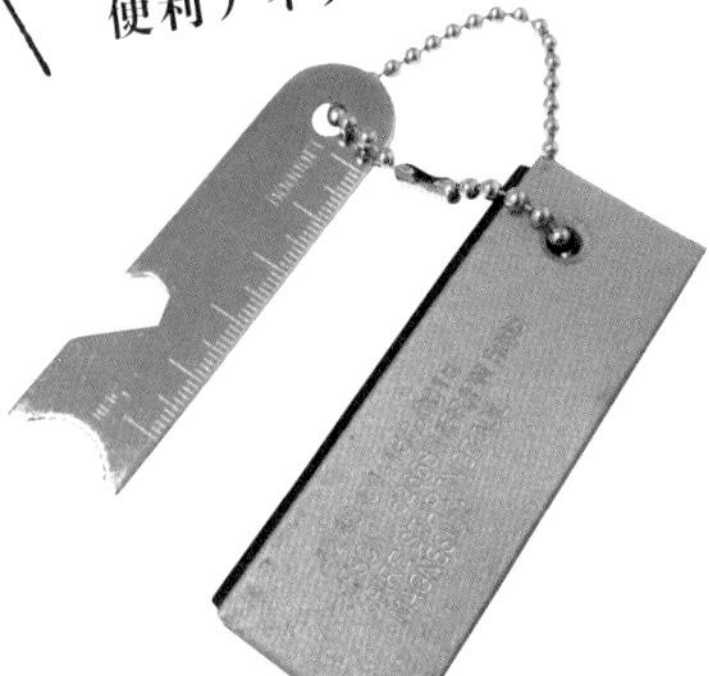

Fire Starter《ファイアスターター》

マグネシウム ファイヤースターター

メーカー：simPLEISURE

かほなんSelect!

マグネシウムの塊がついているので、初心者でも火をおこしやすい。「メタルマッチは雨の日や氷点下の環境でも使えるので、普通のマッチやライターよりもサバイバルに向いてます！」

まさかの外で使える
アウトドア新ストーブ！

Stove《ストーブ》

ティンダーキューブCB

メーカー：山の家

じゅんいちダビッドソンSelect!

「意外とコンパクトにパッキングでき、天板での料理は最高！」。火力も十分でお湯を沸かしたり、テントサウナにも活躍。たちまち、贅沢な北欧気分が味わえる。

Fire Tong & Blower

薪ばさみ&火吹き棒

日本の下町で作られた
テンション上がるギア

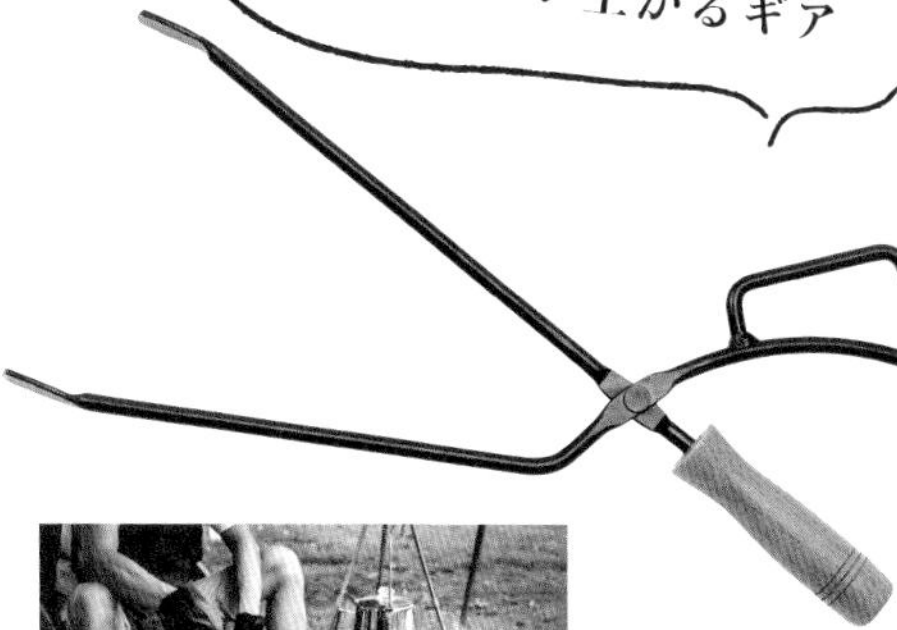

fire place tong

メーカー：TEOGONIA

阿諏訪泰義Select!

焚き火いじりには必須の薪バサミ。「燃える火をじっくり見ながら、あの薪をひっくり返したらもっと燃えるな、とか考えつつお酒を飲む時間は最高です」。100均のトングにはない重量感と、先端の鉄同士がぶつかるカチンという音の心地よさは所有欲を満たしてくれる。

焚き火の炎を感じながら
距離をはかれる玄人ギア

IBUKI B.C.

メーカー：IPPO PRODUCTS

阿諏訪泰義Select!

アルミと真鍮、ステンレスの3つの素材から作られている火吹き棒。重量感や手触りのよい逸品。「先端は細めで、ピンポイントで火力を大きくできるので、灰が舞いにくい点も最高です」

炎を育てられる
多機能な薪バサミ

himori-02

メーカー：ASOBU

たけだバーベキューSelect!

見た目は、炭や薪用のトングだが、火吹き棒としての機能も兼ね備えている。「ごつい見た目のものが多い中、スリムでスタイリッシュなので、リュックにもすっと入ります」

キャンプ料理ギアの定番！
容量たっぷりが嬉しい

林間 兵式ハンゴー〈4合炊き〉

メーカー：キャンプテンスタッグ

かほなんSelect!

中ぶた、外ぶたがある構造を生かして、ご飯を炊くだけではなく、蒸し料理、焼き物、煮物などオールマイティに対応。「吊るせたり、丈夫な作りなので、火の中に入れたり、たとえ落としてしまっても大丈夫！」。ブッシュクラフトとの相性も抜群。

料理

外でおいしい食事をすることは、想像以上の喜びがある。
一大イベントを盛り上げてくれる調理系ギアから、
次回のキャンプのハイライトを考えてみては？

山岳飯盒弐型

メーカー：エバニュー

ハピキャンSelect!

自衛隊官給品“戦闘飯盒2型”の山岳仕様バージョン。2合炊きの小さめの飯ごうはソロにはちょうどいいサイズ感。パッキングしやすいハンドルの長さが嬉しい。

実用重視で人気沸騰！
軽量派ならコレ一択

飯ごう Cooker

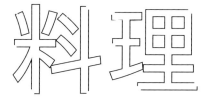

Cooking Tools

調理道具

コンパクトボディに
2種の調味料をイン！

ソルト＆ペッパー グラインダーミル

メーカー：FIREBOX

たけだバーベキュー Select!

「手動のミルで岩塩や黒こしょうを挽いているのですが、ミル２本持って行かないと……と思っていたら、こんな便利なものが!!」。上下にミルが付いており、２種類のホールスパイスを入れられる。スリムでコンパクトなので、キャンプに最適！

生地も軽く丈夫で
機能を詰め込んだ理想エプロン

アウトドアクッキング エプロン2

メーカー：テンマクデザイン

たけだバーベキュー Select!

「手前味噌になるのですが、プロデュースさせていただきました。料理に特化したエプロンで、広いポケットはもちろんのこと、裏返すとミトンになる部分や、ドリンクポケット、キッチンペーパーホルダー機能、タオルハンガーなど、あったらいいなが詰め込まれています」。肩下げタイプなので、首が疲れにくいのもポイント。

５役を兼ね備えた
キャンプ料理の助っ人

シェラカップ調理器

メーカー：キャプテンスタッグ

たけだバーベキュー Select!

「よ！　待ってました!!　というギアです」。シェラカップ専用の多機能調理器で、大根や薬味をおろしたり、野菜の水きり、卵の黄身を分離する機能、そしてスライサーまで。キャンプでの料理の幅がぐんと広がる。

Frying Pan

フライパン

ありそうでなかった
持ち運びやすい鉄フライパン

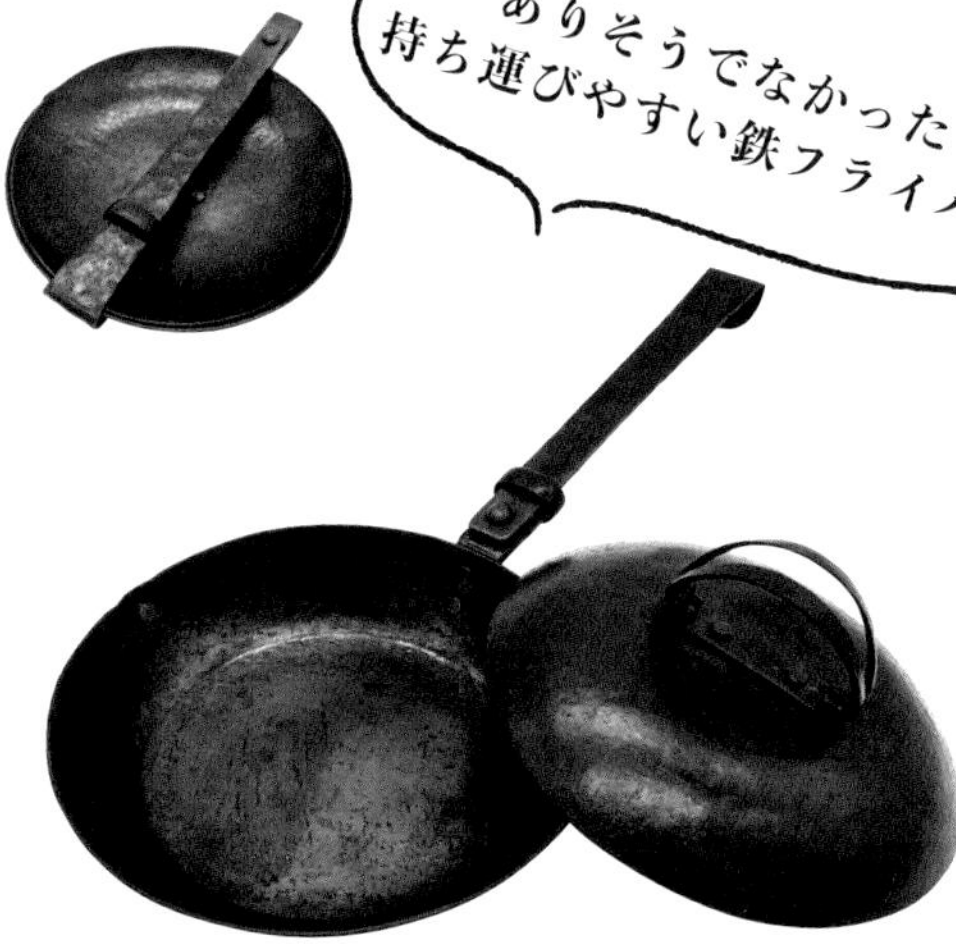

鍛造コンパクトフライパン

17cm（折りたたみ式）

メーカー：millio

たけだバーベキューSelect!

なんと柄の部分が折りたためる鉄フライパン。広げても鉄のリングでしっかりと固定でき、しかもふた付きなので蒸し焼きもできるのが特徴。「鉄の町・兵庫県三木市が誇る職人の技で作られたこのフライパンは、惚れ惚れする美しさです」。

いつでもどこでも
使い続けたい
一生モノ

プレスパン浅型 28cm

メーカー：turk

じゅんいちダビッドソンSelect!

「サイズが大きいため、器用でない僕でもとても料理がしやすく、さびにくくて手入れもカンタン」。小さいものと大きいもの、浅型や深型など、いくつも種類があるので、いちばん使いやすいものを選んで。

アツアツがおいしい！
手軽なのに盛り上がる

ホットサンドメーカーダブル

メーカー：バウルー

ハピキャンSelect!

直火式なので焚き火の上でも焼き上げられ、内部に旨味と適度な水分を閉じ込めるホットサンドメーカー。ダブルなら中央で折れ目が付き、半分に切りやすいのが特徴。フッ素加工によりお手入れもカンタン。

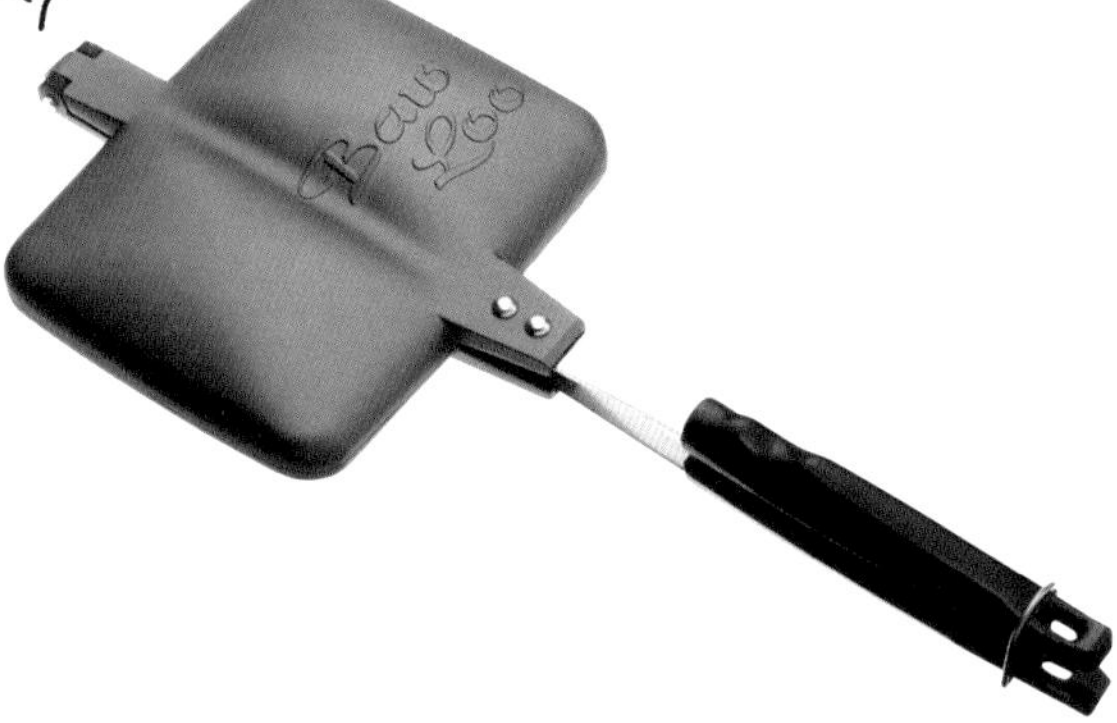

Water Jug

ウォータージャグ

大容量で炭酸もOK！
普遍的なデザインも人気

クラシック 真空グロウラー 1.9L

メーカー：スタンレー

ハピキャンSelect!

1913年に生まれた魔法瓶ブランド・スタンレー。高い保温保冷機能はもちろん、クラシカルな見た目も唯一無二。掛け金タイプ×分厚いパッキンのふたの密閉力により、炭酸を入れられる設計。キャンプで冷えたビールも楽しめる！

コンパクトにたためて
荷物がかさばらない！

2in1 Water Carrier&Bucket

メーカー：COLAPZ

たけだバーベキューSelect!

「バケツの見た目ですが、付属の蛇口を取り付けるとウォータージャグに早変わり。しかも、プッシュ式ではないので、両手が使えるのもおすすめです」。8ℓと大容量にもかかわらず、持ち運ぶ時はたためて場所を取らない。

Smoke Machine

燻製器

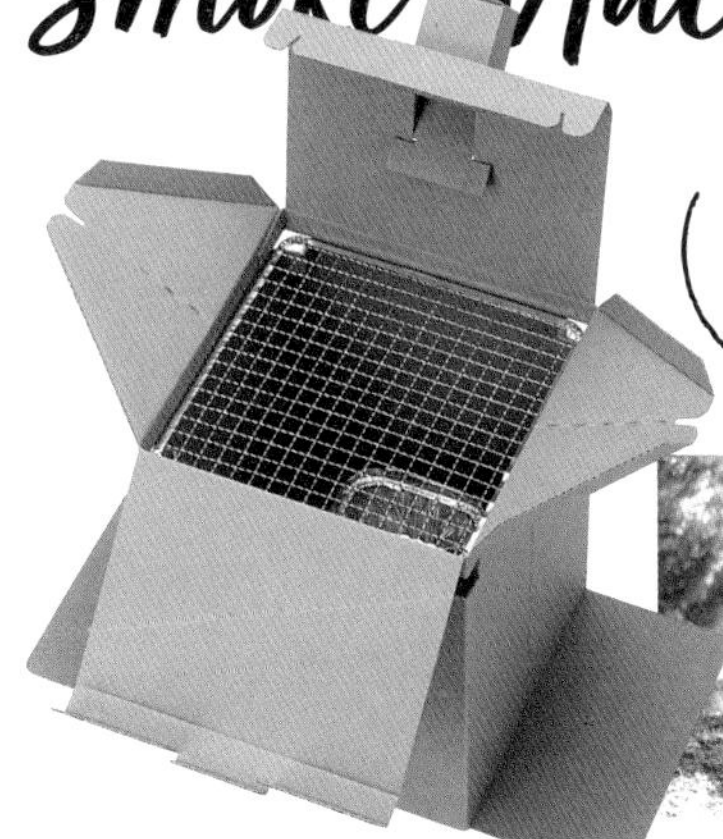

子どもとも楽しめる
組み立て式の
燻製キット

モクモグ ST-116

メーカー：SOTO

ハピキャンSelect!

好みの食材でおいしい燻製を楽しめるだけでなく、子どもの火育や思い出作りにも役立つこと間違いなしのアイテム。スモーカー本体は、繰り返し使用も可能。スモークウッドを買い替えれば、次のキャンプでも使えてコスパも◎！

ヘブンテント

メーカー：HAVEN TENT

かほなんSelect!

「テントにもハンモックにもなり、ハンモックはフルフラットになるから腰が痛くなりにくい！」。フィールドに合わせてスタイルを変えられ、レインフライ付きなので、雨や日差しの強い日も最適。

ハンモックとテントのいいとこ取りが実現！

居住空間

半日から数日にわたるキャンプは、サイトの居心地をよくすることが大切。
宿泊に関する基本装備はもちろん、
達人たちに聞いた、あると便利なギアを紹介。

ソロティピー

メーカー：BUNDOK

じゅんいちダビッドソンSelect!

水と汚れにも強く、通気性のよい生地。夏は涼しく、冬は暖かいので、１年じゅう使い倒せる。「見た目のビンテージ感がとても渋くてカッコイイ！」

ポール１本で自立＆設営できるワンポールテント

Tent テント

Tarp タープ

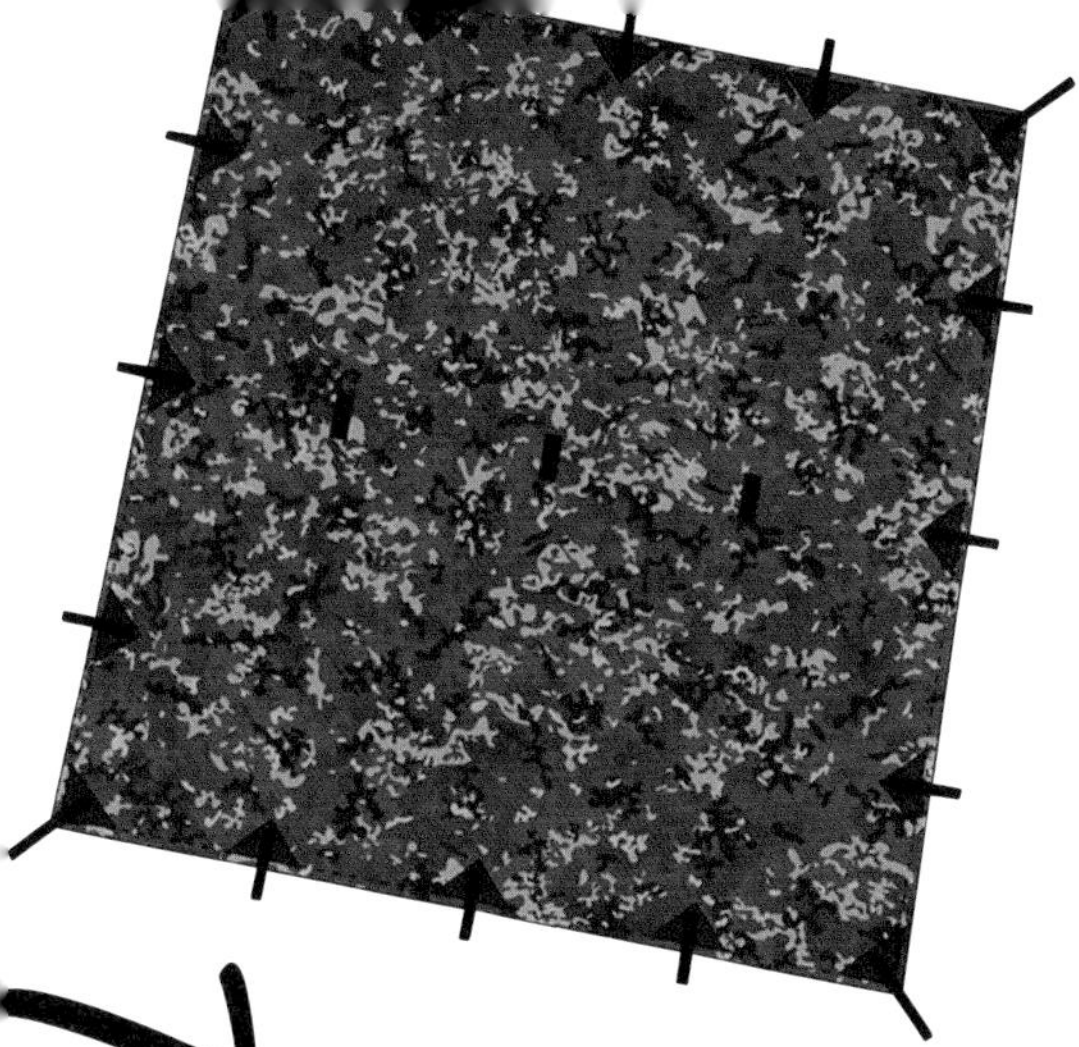

DDタープ 3×3-MC

メーカー：DD Hammocks JAPAN

じゅんいちダビッドソンSelect!

3×3mサイズのタープ。「シンプルな分、万能で使いやすく、ずっと長年愛用しているギア。いろいろな張り方があるので、ぜひチャレンジしてみて！」

日差しや雨よけに！
世界で最も愛されるタープ

タープとして優秀！
気軽に買える万能シート

ODグリーンシート

メーカー：ユタカメイク

かほなんSelect!

「ホームセンターでも売っていて、安いから穴が空いてしまっても悲しくなりません（笑）」。サイズもさまざまあり、ハトメがいろんな場所に付いているので、好きな形のタープやテントが作れる。

Sleeping Bag 寝袋

オールシーズン対応！
軍隊御用達の
寝袋ブランド

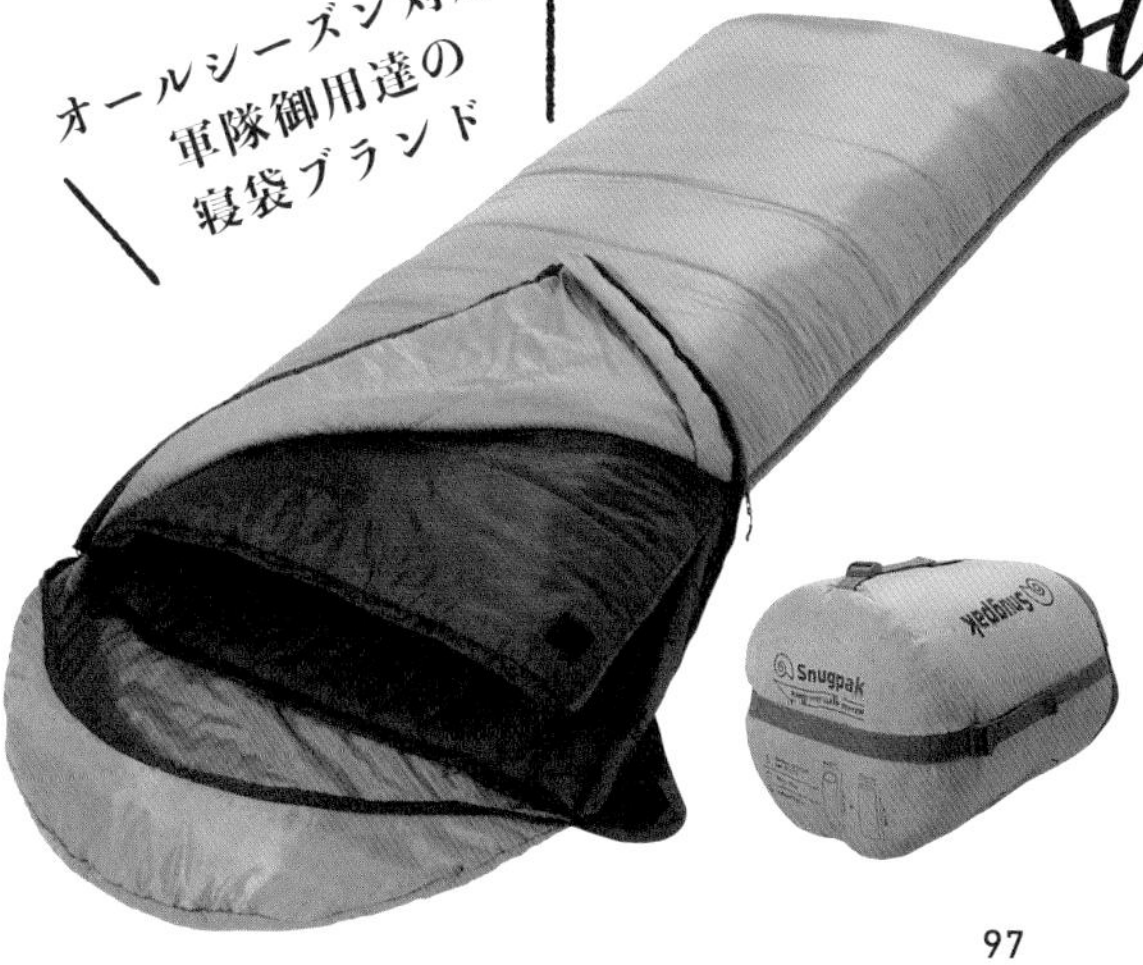

ベースキャンプ スリープシステム

メーカー：Snugpak

ハピキャンSelect!

取り外し式の二重構造になっているため、春夏も秋冬も対応できる。全長220cmと大柄な人でも安心のサイズ。ケアは洗濯機で洗えてお手入れも楽チン。さらに布団より軽いので、持ち運びも苦にならない人気アイテム。

機能性十分な
光量が半端ない！
LEDランタン

ルーメナー2

メーカー：ルーメナー

たけだバーベキューSelect!

暖色と温白色に調光ができ、シーンに合わせて使い分けることが可能。ネジ穴があるので三脚で使用できたり、裏面にはフックもあるので吊り下げも。「スマホなどへの充電もできるので、これがないと不安になるほどです」

置く／吊るす／くっつける
ランタンの新しい使い方

3WAY LEDランタン

メーカー：MIKAN

たけだバーベキューSelect!

アウトドアでも家でも使えるLEDランタン。充電式なのでいつでも使えて、シェードもあるので吊り下げても使える。電球を上にして平らな場所に置くこともできる。「なんといってもマグネットが内蔵されているので鉄部分に引っ付けることもできるんです。いろんなシーンで重宝しています」

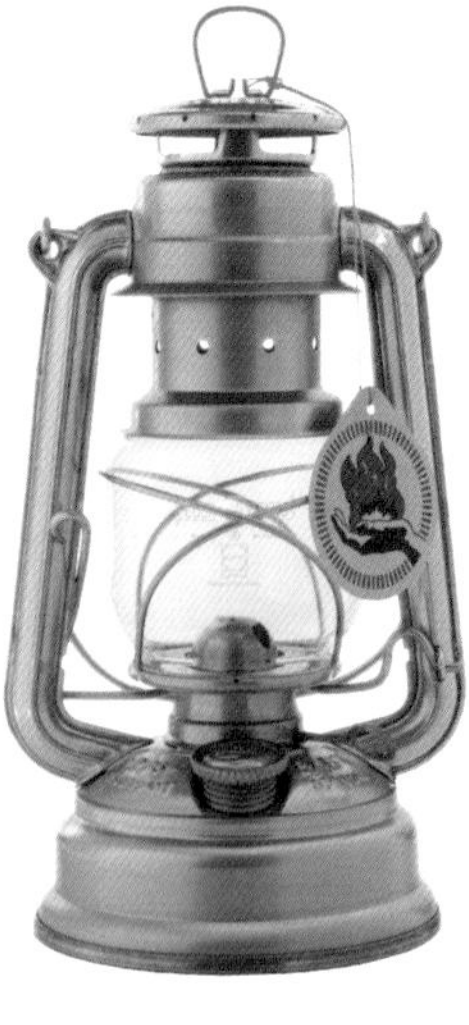

風が吹いても心配ナシ！
見惚れるランタン

ベイビースペシャル276

メーカー：FEUERHAND

阿諏訪泰義Select!

ドイツの老舗メーカーのオイルランタン。構造がシンプルで、大切に使えば一生もののキャンプギア。「焚き火のそばに置けば、風に揺れる炎とランタンの中で静かに燃焼する炎と動と静の火が同時に見れて、とても美しい光景です」

Camping Furniture

キャンプファニチャー

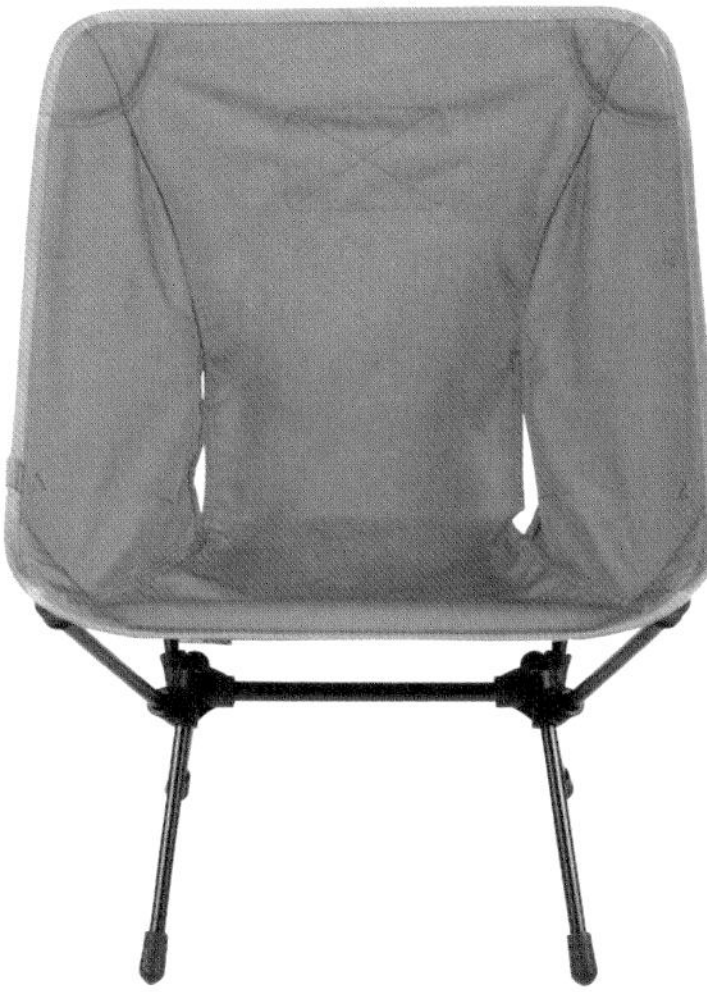

高強度、軽さ、驚異的な
携帯性の革新的なチェア

タクティカルチェア

メーカー：ヘリノックス

ハピキャンSelect!

座り心地のよさはもちろん、便利な収納袋を脚に取り付けて小物をしまえるのも魅力的。カスタムとして脚をロッキングチェアにしたり、反射板を付けられるなど拡張性も。ひと回り大きいLサイズもある。

軋み音の軽減に注力！
ストレスフリーの寝心地

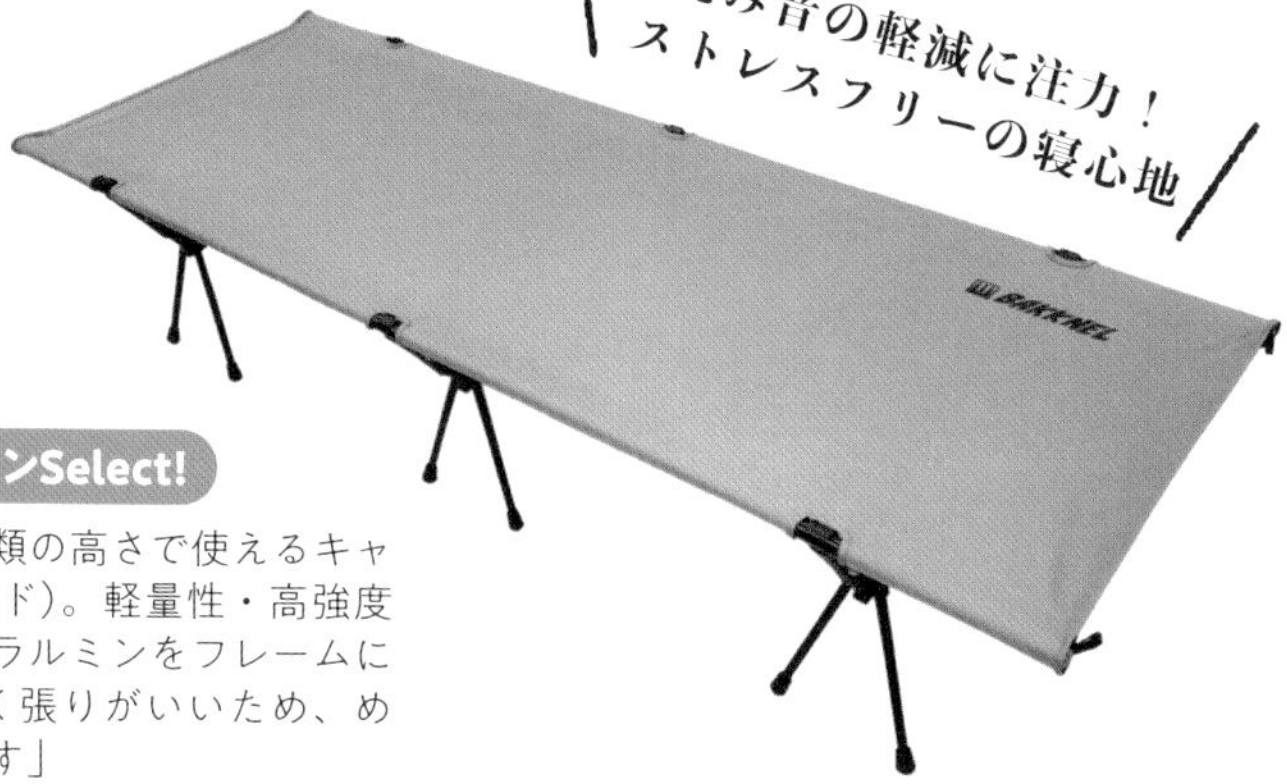

2WAYコット

メーカー：BAKKNEL

じゅんいちダビッドソンSelect!

「high」と「low」の2種類の高さで使えるキャンプコット（簡易ベッド）。軽量性・高強度を兼ね備えた超々ジュラルミンをフレームに採用。「組み立てやすく張りがいいため、めちゃくちゃ安眠できます」

バッグ＋テーブル⁉
キャンプのステーションに

タクティカル フィールドオフィス

メーカー：ヘリノックス

ハピキャンSelect!

持ち運ぶ際はバッグ部分にギアを収納運搬でき、テーブルを立てればどこでもマイオフィスに早変わり。料理の作業台などマルチに使える。

さばいどるナイフ

メーカー：KIKU KNIVES

かほなんSelect!

「世界的ナイフメーカー KIKU KNIVES とコラボした、恐ろしく切れるナイフです」。１本ですべてをこなせられるナイフとして、料理から狩猟鳥獣の止め刺しまでなんでも可能。刃厚６mm で薪割りもカンタン！

ハードなサバイバル活動を支える
切れ味最強ナイフ!!

万能

何かと荷物が多くなりがちなキャンプは、
多機能なアイテムを用意しておきたい。
いざというときに備えられるアイテムを紹介。

ひとつあると重宝する
基本の消耗品

ジュート麻なわ

メーカー：丸三産業

かほなんSelect!

「太めの麻縄ならロープとしても使え、火口にもなります。テント撤収時にロープが凍って解けないというときも、麻縄なら遠慮なく切ることができ、乾かせば再びロープや火口として活用できるので、無駄もありません」

氷点下でも耐えうる密閉性で
世界中でお墨付きのクーラー

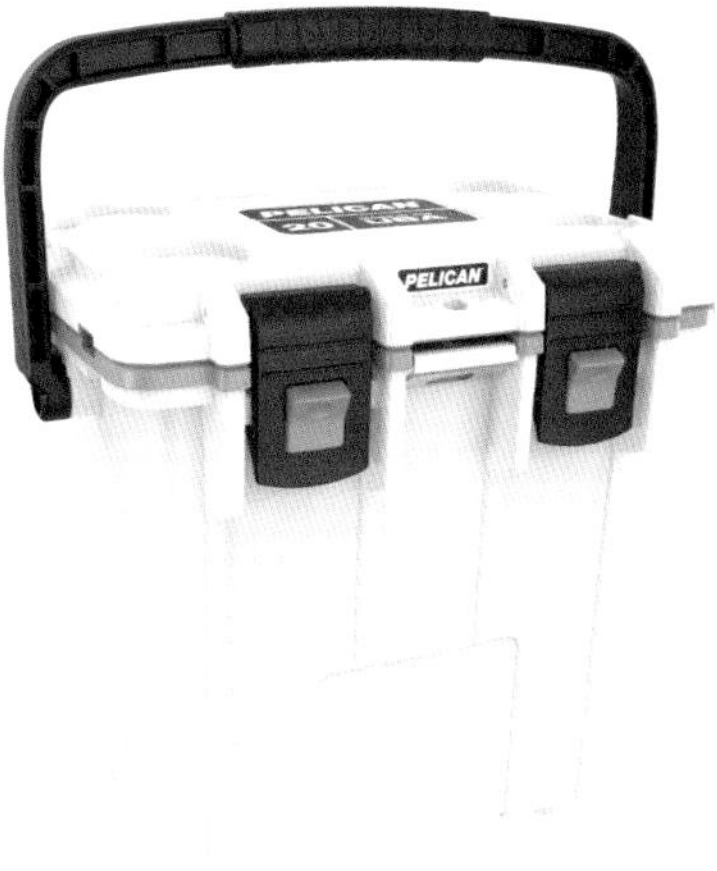

20QTエリートクーラー

メーカー:PELICAN

じゅんいちダビッドソンSelect!

保冷力に優れ、20クォート（約19ℓ）も入り、イスやテーブルとしても使える大容量クーラーボックス。「性能ももちろんですが、めったに人が持っておらず被らないのがポイント！」

スタッキングもできて
車で運びやすいコンテナ

NTボックス #45

メーカー:JEJアステージ

かほなんSelect!

雨水や雪が入らないので、キャンプギア、着替え、薪など、さまざまなものの収納に便利です。「角が丈夫なので、踏み台として使用したり、テーブルとして利用できます」。積み重ねられるので、車の中に積む時も安定しやすい。

抜群の使い心地と
耐久性でキャンプで大活躍！

ハピキャンバスケット

メーカー:ハピキャンストア

ハピキャンSelect!

老舗工具箱メーカー〈リングスター〉とのコラボレーションで完成した、超タフなバスケット。車のバンパーにも使われている高耐久の素材を使用しており、安心して末永く使える。逆さにすると椅子や踏み台としても。さらに、ハンドルを内側に倒すと重ねて使うことが可能で使い勝手も◎。

メーカー問い合わせ先

ASOBU
https://asobu.ltd/
☎055-957-2152

BAKKNEL
https://www.bakknel.jp
contact@bakknel.jp

BUNDOK
https://kawase-net.jp/brand/bundok/
☎ 0256-33-0532

Bush Craft Inc.
https://www.ブッシュクラフト.jp
☎ 042-732-0787

COLAPZ
https://colapz-cutlery.jp

DD Hammocks JAPAN
https://www.ddhammocks.jp
☎ 0774-66-6155

FEUERHAND/スター商事
https://www.star-corp.co.jp/
☎ 03-3805-2651

FIREBOX/DYNT COYOTE
https://dyntcoyote.com

HAVEN TENT/ ALATAMA
https://nafrocamp.com/
☎ 0467-80-2743

IPPO PRODUCTS
https://www.ippoproducts.com/

JEJアステージ
☎ 0256-35-7800

KIKU KNIVES
https://kikuknives.jp

MIKAN/Orange
https://www.shop-orange.info/

millio/安隨製作所
https://millio1619.com

PELICAN
https://www.pelicanproducts.co.jp/

simPLEISURE/ Fishing Japan
https://fishingjapan.co.jp/

Snugpak/BIGWING
https://bigwing.shop/collections/snugpak

SOTO/新富士バーナー
https://soto.shinfuji.co.jp
☎ 0533-75-5000

TEOGONIA/アイネット
https://teogonia.jp
☎047-325-9051

turk/ザッカワークス
https://www.zakkaworks.com/turk/
☎ 03-3295-8787

エバニュー
http://www.evernew.co.jp
☎ 03-3649-3135

キャプテンスタッグ
https://store.captainstag.net

グリップスワニー/ スワニー販売
https://www.grip-swany.co.jp

コールマン
https://ec.coleman.co.jp

スタンレー
https://jp.stanley1913.com

テンマクデザイン/ カンセキ WILD-1事業部
https://www.tent-mark.com

パーセルトレンチ/ POLLOGEAR
https://pollogear.com/

バウルー/イタリア商事
http://www.italia-shoji.co.jp/bawloo.html
☎ 045-910-1890

ハピキャンストア
https://happycamperstore.net/

ヘリノックス
https://www.helinox.co.jp

丸三産業
☎ 0282-24-8803

山の家
https://yamanoie.info/tindercube/
☎ 0574-67-3372

ユタカメイク
☎ 072-441-2220

ルーメナー/KMコーポレーション
https://www.phoneartist.jp
customer@km-copo.com

Special Column

ハピキャンが訪れた キャンプ場MAP

記念すべき０回から31回放送分まで、
おぎやはぎとプレゼンキャンパー、
ゲストたちが収録で訪れた
キャンプ場をご紹介！
（現在一般利用できないキャンプ場は省略しています）

＊掲載内容は変更になることがあります。あらかじめHP等で最新情報をご確認ください
＊料金は１泊の最低金額（駐車代は除く）で、入場料は大人１名分を表示しています。繁忙期や条件によって異なることがあります
＊アクセスは車での所要時間の目安を示しています

1

茨城

都心から１時間でスローライフ！

ルーラル吉瀬・フォンテーヌの森

1992年オープンした自然豊かなキャンプ場。広葉樹と針葉樹など木々に囲まれ、鳥のさえずりが響く。シャワーやトイレなど設備も充実。

住所	茨城県つくば市吉瀬1247-1
アクセス	桜土浦ICから10分
TEL	029-857-2468
営業シーズン	通年
定休日	水曜日、年末年始
料金	サイト4000円（ソロキャン半額）～＋入場料800円

2

茨城

100平米で多目的に遊べる

アスパイヤの森キャンプ場

ソロからオートまで。2019年にオープンした水戸市有賀町の里山にあるキャンプ場。ボルダリング、スケートボード、ヨガなど非日常空間でリフレッシュできる。

住所	茨城県水戸市有賀町1805
アクセス	水戸ICから10分
TEL	029-259-5211
営業シーズン	通年
定休日	水曜日
料金	フリー2200円～（テント1張り）/オート１区画4950円～

3

栃木

有形文化財の校舎を改装した施設

昭和ふるさと村

廃校になった小学校校舎で、昭和レトロな雰囲気を味わえる。どこか懐かしさを感じ、ユニークなキャンプの思い出に。宿泊施設も併設し、大浴場も利用できて便利。

住所	栃木県芳賀郡茂木町木幡252
アクセス	真岡ICから30分
TEL	0285-64-3116
営業シーズン	通年
定休日	なし
料金	サイト4400円＋施設利用料880円

4

群馬

夜空の天体観測にぴったり！

星の降る森

豊かな自然はもちろん、広がる夜空を楽しめる谷地のオートキャンプサイト。どこからでも輝く星を眺められ、プラネタリウムのような気分を満喫できる。

住所	群馬県沼田市上発知町2543
アクセス	沼田ICから15分
TEL	0278-23-7213
営業シーズン	通年
定休日	年末年始
料金	サイト4400円～/日帰り1100円（1名・16時まで）

5

埼玉

河原の近くで開放的

嵐山渓谷月川荘キャンプ場

フリーサイトとバンガローがあるキャンプ場。槻川の川遊びやバーベキューが楽しめ、ペットもOKなので愛犬とキャンプをしたい人にも。荷物運搬のゴンドラが名物！

住所	埼玉県比企郡嵐山町鎌形2604
アクセス	東松山ICから20分
TEL	0493-62-2250
営業シーズン	通年
定休日	なし
料金	持込テント料880円＋入場料300円

6

千葉

広がる天然芝生が壮観!!

オートキャンプユニオン

サイトは開放感ある芝生エリアと涼しい林間エリアに分かれている。首都圏から車で1時間というアクセス、レンタル充実と初心者にもぴったり。阿諏訪さんおすすめ。

住所	千葉県印西市平賀2719
アクセス	佐倉ICから20分
TEL	090-8503-8669
営業シーズン	通年
定休日	なし
料金	オート5500円/日帰り2750円

7

千葉

遊具やアクティビティも豊富

RECAMP勝浦

開放的な大空CAMP、木々が生い茂るこかげCAMP、そして夕日の眺めいいトレーラーハウスなど、さまざまなスタイルが楽しめる。有名な「勝浦朝市」も車で10分！

住所	千葉県勝浦市串浜1830
アクセス	市原鶴舞ICから40分
営業シーズン	通年
定休日	水曜日、木曜日
料金	区画サイト3000円～/大空芝生5500円～/フリー2500円～

8

千葉

動物との触れ合いも魅力！

成田ゆめ牧場
ファミリーオートキャンプ場

牧場に併設されていることもあり、とにかく広い草原で開放感あふれたキャンプ場。すべて車を横付けできるのが好評。

住所	千葉県成田市名木730-3
アクセス	下総ICから2分
TEL	0476-96-1001
営業シーズン	通年
定休日	不定休(月1,2日ほど)
料金	大人2100円(日帰り1200円)、子ども1050円(日帰り600円)

9

千葉

アドベンチャー施設が人気

柏しょうなん夢ファーム

森の遊び場「スカイアドベンチャー」が有名で、ゆったりと広いキャンプサイト、少し変わった秘密基地のようなコテージなどが魅力。大人も子どももワクワク気分！

住所	千葉県柏市布施89－1
アクセス	柏ICから36分
TEL	04-7160-9888
営業シーズン	通年
定休日	なし
料金	サイト6000円～/日帰り4000円～

10

東京

東京とは思えない豊かな自然

深澤渓 自然人村

都内とは思えないほど美しく、自然豊かな場所。暑い季節の川遊びに最適。バーベキュー施設が充実しており、初心者でも迷わず楽しめる。デイキャンプも人気だ。

住所	東京都あきる野市深沢198
アクセス	あきる野ICから20分
TEL	070-3985-4878
営業シーズン	3/1～11/30
定休日	年末年始
料金	大人3000円、子ども2000円（ハイシーズンは＋10％）

11

東京

鍾乳洞に併設された川沿いサイト

大岳キャンプ場

キャンプ場の受付が鍾乳洞の入り口となっており、気分が高揚すること間違いなし！自然の地形を生かしたサイトレイアウトになっており、炊事場、トイレなど設備も。

住所	東京都あきる野市養沢1587
アクセス	日の出ICもしくはあきる野ICから40分
TEL	042-596-4201
営業シーズン	通年
定休日	木曜日（祝日は除く）
料金	テント1張り1500円、タープ1張り1000円＋入場料500円

12

神奈川

湘南の海に面した市営施設

ちがさき柳島キャンプ場

なかなかない、海に近いキャンプ場。磯遊びはもちろん、夕陽をゆっくり眺めるのも癒されそう。市営のため、比較的リーズブルなのもよい。焚き火サイトは限定。

住所	神奈川県茅ヶ崎市柳島海岸1592-1
アクセス	茅ヶ崎海岸ICからすぐ
TEL	0467-87-1385
営業シーズン	通年
定休日	火曜日（祝日の場合は翌日。7、8月は無休）
料金	サイト2700円～/日帰り2200円～

15 神奈川

直火の焚き火もできる

滝沢園キャンプ場

フリーやオートサイトだけでなく、ログハウスやバンガローなど充実。直火の焚き火もOK。ソロキャンパーから団体までニーズに応えてくれる。ヒロシもよく利用するそう。

住所	神奈川県秦野市戸川1445
アクセス	中井秦野ICから20分
TEL	0463-75-0900
営業シーズン	通年
定休日	なし
料金	フリー1100円/オート5500円＋施設費300円

13 神奈川

海を見下ろせる体験型公園

長井海の手公園 ソレイユの丘

キャンプ場のほか、動物と触れ合ったり、野菜収穫体験、芝そり、ゴーカートなどのアクティビティもいろいろできる大型公園。BBQは屋根付きなので雨の日でも安心だ。

住所	神奈川県横須賀市長井4丁目地内
アクセス	都内（玉川IC）から60分
TEL	046-857-2500
営業シーズン	通年
定休日	12～2月の月曜日～木曜日
料金	フリー3500円～/オート5500円～

＊2023年4月リニューアルオープン予定

16 神奈川

３本の源泉を持つ温泉が運営

湯河原温泉神谷キャンプ場

奥湯河原に位置し、雰囲気抜群のレトロ温泉も楽しめる。長い坂道を登った先にあり、自然の中で静かに過ごしたい人におすすめ。

住所	神奈川県足柄下郡湯河原町宮上773－151
アクセス	石橋ICから30分、湯河原駅から10分
TEL	0465-62-2243
営業シーズン	通年
定休日	なし
料金	区画利用料2000円～＋人数利用料1000円

14 神奈川

富士山が望める絶景＆温泉も！

京急油壺温泉キャンプパーク

海と夕陽の絶景と、癒やしの温泉を一度に味わえるキャンプ場。景色が異なる５つのサイトと、手ぶらで楽しめるサイトまで。首都圏から１時間ほどで行ける立地も人気。

住所	神奈川県三浦市三崎町小網代1082
アクセス	高円坊入口から15分
TEL	046-854-5156
営業シーズン	通年
定休日	火曜日（祝日の場合は翌日）
料金	サイト4500円～/オート7000円～

人気漫画の聖地としても有名！

sotosotodays CAMPGROUNDS 山中湖みさき

2021年にリニューアル。「ゆるキャン△」聖地としても知られる。細長い岬に位置し、山中湖の景色がぐるりと広がる。設備も充実。

住所	山梨県南都留郡山中湖村平野2431-2
アクセス	山中湖ICから10分
TEL	0555-65-7981
営業シーズン	通年
定休日	なし
料金	区画・フリー10000円/ソロ6000円/平日日帰り8000円

リノベカフェ併設のキャンプ場

the 508

山中湖の湖畔にある林間キャンプ場。限定の湖畔サイトからは富士山と南アルプスを一望。雰囲気あるカフェと宿泊施設を併設し、高速バスで新宿から直通の好アクセス！

住所	山梨県南都留郡山中湖村平野508-113
アクセス	山中湖ICから11分
メール	info@the-508.com
営業シーズン	通年
定休日	不定休
料金	オート3300円～＋入場料1210円

広大な敷地＆リーズナブル！

ニューブリッヂキャンプ場

日陰を確保してくれる林間にあり、暑い夏でも涼しく快適。木と木の間隔が狭い場所もあり、ハンモックを持参すれば夢心地に！

住所	山梨県南都留郡富士河口湖町小立島原1200
アクセス	河口湖ICから8分
TEL	080-7858-7840
営業シーズン	通年
定休日	不定休
料金	持ち込みテントスペース代770円～/オート3850円＋場内使用料880円

静かな湖のほとりに佇む

西湖自由キャンプ場

西湖は富士五湖の中でも建物が少なく、自然に囲まれて静かでゆったりできる。隣接する温泉「いずみの湯」で疲れた体を癒やせる。

住所	山梨県南都留郡富士河口湖町西湖1003-2
アクセス	河口湖ICから20分
TEL	0555-82-2857
営業シーズン	通年
定休日	不定休
料金	区画1000円～/日帰り500円～＋施設使用料金1000円（日帰り700円）

23 岐阜

標高 600m ならではの涼しい環境

北恵那キャンプ場

キャンプ場横には美しい付知川が流れ、夏には川遊びが楽しめる。クワガタ捕りやホタル観賞も人気な、自然豊かな環境。バンガローも充実しているのでグループもおすすめ。

住所	岐阜県中津川市付知町255-1
アクセス	中津川ICから50分
TEL	0573-82-4802
営業シーズン	4月下旬～10月中旬
定休日	なし
料金	オート4950円

24 静岡

グランピングで贅沢なステイ

藤乃煌 富士御殿場

空調完備のホテルのような宿泊施設で、気軽に自然を味わえる。グランピングなら雨でも心配不要！　ペット OK の部屋にはドッグランが隣接。晴れていれば､富士山を望める。

住所	静岡県御殿場市東田中3373-25
アクセス	御殿場ICから3分
TEL	050-3504-9933
営業シーズン	通年
定休日	年末年始
料金	28600円～(1泊2食・最大定員4名)

21 山梨

カヌーやカヤックも楽しめる !!

西湖・湖畔キャンプ場

標高 902m、マツや広葉樹の林に囲まれておりサイトは草地と土で覆われている。予約は不可で先着順。カヌーやカヤック体験も。

住所	山梨県南都留郡富士河口湖町西湖207-7
アクセス	河口湖ICから35分
TEL	0555-82-2858
営業シーズン	通年
定休日	年末年始
料金	オート1名1500円(日帰り1000円)＋車1台1000円(日帰り500円)

22 山梨

玉川渓谷の自然あふれる場所

玉川キャンプ村

多摩川の源流が流れている、美しい景色のキャンプ場。非常に澄みきった川で釣り人にも人気の場所だ。サイト区画はきちんと分けられ、プライベート空間を作りやすい。

住所	山梨県北都留郡小菅村2457-4
アクセス	上野原ICから50分
TEL	0428-87-0601
営業シーズン	通年
定休日	なし
料金	オート4000円～/ソロ1500円～

25

愛知

伊勢湾の美しい夕日を臨む

中日小野浦キャンプバンガロー村

丘の中腹に広がる緑豊かなキャンプ場。美しい海と白浜が広がる「小野浦海水浴場」まで歩いて5分という好立地！　テントサイト、バンガロー、日帰りバーベキューも楽しめる。

住所	愛知県知多郡美浜町大字小野浦字河谷54-16
アクセス	南知多ICから16分
TEL	090-1624-3433
営業シーズン	通年
定休日	不定休
料金	オート5000円～

26

愛知

アクティビティを堪能し尽くす！

さなげアドベンチャーフィールド

デイキャンプやバーベキュー、アスレチック施設などが完備された、グループで楽しめる総合アウトドアランド。四輪駆動車で大自然を駆け抜けるオフロード体験もできる。

住所	愛知県豊田市伊保町向山16-1
アクセス	東名三好ICから15分
TEL	0565-46-5551
営業シーズン	通年（キャンプ場は土日祝のみ営業）
定休日	木曜日（1～3月は水曜日も）
料金	サイト料4235円～＋施設利用料726円（日帰りのみ）

27

三重

宇賀渓の自然を体感！

Nordisk Hygge Circles UGAKEI

デンマークのアウトドアブランド・ノルディスクと、三重県いなべ市のコラボによるキャンプ場。「人と自然を繋げる」をコンセプトに設計され、土壌はそのまま残されている。

住所	三重県いなべ市大安町石榑南2999-5
アクセス	大安ICから15分
営業シーズン	通年
料金	Hygge Cabin 60000円～/Hygge Tent 40000円～/フリー2500円～

＊2023年4月オープン予定

28

三重

初心者もベテランも満足度高し！

青川峡キャンピングパーク

鈴鹿山脈に囲まれ、川遊びも楽しめる自然豊かな場所。開放感のあるテントサイトや宿泊施設が充実。サニタリー設備や売店、レンタル用品も充実で安心快適。

住所	三重県いなべ市北勢町新町614
アクセス	大安ICから15分
TEL	0594-72-8300
営業シーズン	通年
定休日	なし
料金	サイト3000円～＋施設利用料1000円

おわりに

「子どもと一緒に何かやるなら、次はなんだろう？」。小学生の息子をもつ私がそんなことを考えていた時に思い出したのが、幼い頃に兄弟、従妹たちと一緒に叔父に連れて行ってもらったキャンプでした。

大きな車から出てくる道具の数々、手際よく設営する叔父、役割をもらって教えてもらいながらの設営や料理。そしてその模様をビデオ撮影までしてくれていた叔父。もう楽しすぎて大興奮したのを思い出したわけです。

ちょうど仕事でも新たなコンテンツを探していて……「これは！」と思って立ち上げたのが「ハピキャン」。

そうです。完全なる公私混同が起点です（笑）。そして、キャンプは衣食住のあらゆるコンテンツと交わるポイントがたくさんある、いわば「ライフスタイルカルチャー」となり得るポテンシャルがあるだろうという熱い想いもありました。

そんな発想から立ち上げた「ハピキャン」は、「おぎやはぎのハピキャン」をはじめWebメディアやYouTube、イベント等を通じてキャンプ・アウトドア体験のきっかけをお届けしています。そしてこの度、そのツールの一つに書籍も加わることに！　まだまだ成長途中の「ハピキャン」ですが、手に取った皆さまが「なんか楽しそう」と思っていただけたら嬉しいです。ハッピーキャンパー♪

ハピキャン事業責任者　大西真裕

「おぎやはぎのハピキャン」 TV STAFF

構成　おぎすシグレ、山口トンボ
ナレーション　石神愛子
スタイリスト　近澤一雅
スチール　吉田達史
編集　藤澤貴英　小池英恵　世古和弘　松本佳代子
MA　豊島志穂　岡田脩利
CG　伊佐治慎一
車両協力　Jeep
DSC　富永瞬　伊藤香苗
編成　早川哲史
キャスティング　根岸美弥子
デスク　岡田紗季
Webメディア　丹羽良輔　近野成美
キャンプ監修　槻真悟
AD　村瀬貴紀　竹村玄紀
ディレクター　藤原健太　石川直樹　奥田純矢
総合演出　今宮裕也
プロデューサー　吉田晃浩
事業プロデューサー　藤石崇文
事業マネージャー　大西真裕

カバーデザイン 渡邉民人（TYPEFACE）
本文デザイン・DTP 相原真理子
撮影 吉田達史　中島慶子（PART2）
フードコーディネート 田村つぼみ（PART2）
イラスト 中根ゆたか
協力 名古屋テレビ放送株式会社

初めてでも“通”ぶれる！
おぎやはぎのハピキャン

2023年3月16日　第1刷発行

著　者　　おぎはやぎのハピキャン
発行者　　鉄尾周一
発行所　　株式会社マガジンハウス
〒104-8003 東京都中央区銀座3-13-10
書籍編集部　☎03-3545-7030
受注センター　☎049-275-1811

印刷・製本所　株式会社光邦

マガジンハウスのホームページ https://magazineworld.jp/

ISBN978-4-8387-3200-5 C0076